Por:

Con motivo de:

Fecha:

© 2011 por Casa Promesa
ISBN: 978-1-61626-504-5

Susurros de Aliento
Título en Inglés: *Whispers of Encouragement*
© 2009 por Barbour Publishing, Inc.

Varias selecciones del texto fueron recopilados de: *In Celebration of a New Day* [En celebración de un nuevo día], *365 Days of Purpose for Women* [365 días de propósito para mujeres], *365 Days of Wisdom for Busy Women* [365 días de sabiduría para mujeres atareadas], *365 Days of Hope* [365 días de esperanza], *365 Prayers for Women* [365 oraciones para mujeres], *365 Encouraging Words for Women* [365 palabras de ánimo para mujeres], *365 Inspirational Quotes* [365 citas inspirativas], *365 Favorite Quotes for Dads* [365 citas favoritas para papás], *365 Favorite Quotes for Grandmothers* [365 citas para abuelas], *365 Favorite Quotes for Friends* [365 citas favoritas para amigos], *365 Inspiring Moments for Teachers* [365 momentos inspirativos para maestros], *365 Moments of Peace for Moms* [365 momentos de paz para mamás], publicados por Barbour Publishing, Inc.

Las citas bíblicas que no lleven marca pertenecen a la versión Reina Valera de 1960 de la Santa Biblia.

Las citas bíblicas marcadas NVI pertenecen a la Nueva Versión Internacional de la Santa Biblia.

Las citas bíblicas marcadas LBLA pertenecen a la versión de la Santa Biblia, La Biblia de las Américas.

Las citas bíblicas marcadas DHH pertenecen a la versión Dios Habla Hoy de la Santa Biblia.

Nuestra misión es publicar y distribuir productos inspiradores que brinden valor excepcional y ánimo bíblico a las masas.

Desarrollo editorial: *Semantics*, P.O. Box 290186, Nashville, TN 37229. - semantics01@comcast.net

Impreso en los Estados Unidos de América.

Susurros de
Aliento

inspiración para la vida
CASA PROMESA
Una división de Barbour Publishing, Inc.

Abraza hoy

Abraza lo maravilloso y lo
emocionante que trae cada día,
porque el futuro nos proporciona
nuevas oportunidades: tiempo
para experimentar… tiempo
para crear… tiempo para
reflexionar… tiempo para soñar.

AUTOR DESCONOCIDO

Mira hacia adelante

Mañana es un nuevo día; lo empezarás serenamente y con suficiente ánimo como para superar los disparates de siempre. Este día es todo lo bueno y justo que puede ser; es demasiado precioso, con sus propias esperanzas e incitaciones, como para desperdiciar tiempo con el pasado.

RALPH WALDO EMERSON

No estás solo

Padre, cuando llegan los
problemas no debo enfrentarlos
en soledad. Gracias por estar
siempre a mi lado como refugio
y fortaleza. Cuando todo lo
demás falla, pongo mi confianza
en ti y nunca me desilusionaré.
Amén.

El amor de Dios está en todas partes

Qué alegría indescriptible para mí
levantar la mirada hacia los manzanos
florecidos y las hojas que se agitan, y ver
allí el amor de Dios. Qué gozo escuchar
al tordo que ha construido su nido
entre esos árboles, y sentir en cada nota
que le hincha la pequeña garganta el
amor del Señor que cuida del ave. Qué
felicidad mirar más allá de las brillantes
profundidades azules del cielo, y sentir
que son un dosel de bendiciones: el
techo de la casa de mi Padre.

ELIZABETH RUNDELL CHARLES

Hermosa virtud

La belleza es la marca que Dios
pone en la virtud. Toda acción
natural está llena de gracia; cada
acto heroico también es digno, y
hace resplandecer el lugar y a los
espectadores.

RALPH WALDO EMERSON

El día de hoy es un regalo

Este día nuevo, prometedor y completo, con veinticuatro horas de oportunidades, alternativas y actitudes, viene con un juego perfectamente organizado de 1.440 minutos. Este obsequio exclusivo, esta jornada única, no se puede intercambiar, reemplazar o devolver. Trátalo con cuidado. Sácale el máximo provecho.

AUTOR DESCONOCIDO

Fe como una semilla de mostaza

Les aseguro que si tienen fe
tan pequeña como un grano de
mostaza, podrán decirle a esta
montaña: «Trasládate de aquí
para allá», y se trasladará. Para
ustedes nada será imposible.

MATEO 17.20–21 NVI

Acciones cariñosas

Muy a menudo subestimamos
el poder de una caricia, una
sonrisa, una palabra amable, un
oído presto a escuchar, un elogio
sincero, o las acciones más
insignificantes de afecto, todo
lo cual tiene el potencial para
cambiar vidas.

LEO BUSCAGLIA

Nuestra única respuesta

Somos tan valiosos para
Dios que él vino a vivir entre
nosotros… para guiarnos a
casa. Será capaz de todo por
buscarnos, hasta ser levantado
sobre una cruz para acercarnos
a él. Solamente podemos
responder amando a Dios a
causa de su amor.

CATHERINE DE SIENA

Alegrías cotidianas

Las responsabilidades diarias
son alegrías habituales, porque
resultan ser algo que Dios nos
da para que le ofrezcamos a él y
para dar lo mejor de nosotros en
reconocimiento de su amor.

EDWARD BOUVERIE PUSEY

El sol aún brilla

Incluso en invierno, hasta en medio de la tormenta, el sol aún está allí, en alguna parte, arriba en las nubes, todavía brillando, calentando y atrayendo la vida enterrada en lo profundo de las ramas secas y la tierra congelada. ¡El sol aún está allí! ¡Llegará la primavera! ¡Las nubes no pueden permanecer por siempre!

GLORIA GAITHER

Lo que necesitamos

No necesitamos nueva luz sino
nueva visión, no nuevas sendas
sino fortaleza para caminar
por las antiguas, no nuevos
deberes sino sabiduría de lo alto
para cumplir con los que son
evidentes delante de nosotros.

AUTOR DESCONOCIDO

Vive como has imaginado

Si alguien avanza confiadamente
en la dirección de sus sueños
y esfuerzos para vivir como ha
imaginado, alcanzará éxitos
inesperados en momentos
normales. ¡Ve confiadamente en
la dirección de tus sueños! ¡Vive
la vida que has imaginado!

HENRY DAVID THOREAU

Corramos con paciencia

Corramos con paciencia la
carrera que tenemos por delante,
puestos los ojos en Jesús, el autor
y consumador de la fe, el cual
por el gozo puesto delante de él
sufrió la cruz, menospreciando
el oprobio, y se sentó a la diestra
del trono de Dios.

HEBREOS 12.1–2

Viaje de descubrimiento

Todos somos inventores, cada
uno de nosotros zarpa en un
viaje de descubrimiento, guiados
por una carta marina privada,
la cual es única. El mundo está
lleno de puertas y oportunidades.

RALPH WALDO EMERSON

Rodeados por Dios

Asombran los milagros que el Señor obra en las voluntades entregadas por completo a él. Dios hace fáciles las cosas difíciles, y endulza las amargas. No es que ponga cosas fáciles en vez de las difíciles sino que en realidad cambia lo difícil en fácil.

HANNAH WHITALL SMITH

Mi ancla me sostiene

Me sostiene, mi ancla me sostiene;
Sopla entonces lo que más puedas,
Oh tormenta, sobre mi barca tan
pequeña y frágil,
Por la divina gracia no fracasaré,
Porque mi ancla me sostiene,
Mi ancla me sostiene.

W. C. MARTIN

Una fe sólida

Cuando tu fe es fuerte
descubrirás que ya no necesitas
tener la sensación de controlar
las circunstancias; descubrirás
que estas fluirán como debe ser,
y que tú fluirás con ellas, para tu
gran deleite y beneficio.

EMMANUEL TENEY

Motivo del viaje

Podremos correr, andar,
tambalearnos, conducir o
volar, pero nunca perdamos
de vista la razón del viaje
o desaprovecharemos la
oportunidad de ver un arco iris
en el trayecto.

GLORIA GAITHER

Dios cuidará de ti

Padre, ayúdame a comprender
que mis deseos son temporales e
insignificantes. Déjame reposar
en ti, Señor, con la tranquilidad
de saber que cuidarás de mí.
Amén

El Señor ha dispuesto un camino

Yo sé muy bien los planes que
tengo para ustedes —afirma el
SEÑOR—, planes de bienestar
y no de calamidad, a fin de
darles un futuro y una esperanza.
Entonces ustedes me invocarán,
y vendrán a suplicarme, y yo los
escucharé.

JEREMÍAS 29.11–12

Hoy es tu mejor día

Como hijo de Dios, hoy es tu
mejor día porque dependes total
y absolutamente de él; Dios es tu
roca, tu única certeza, tu única
seguridad y tu única esperanza.

ROY LESSIN

Dios ya está allí

Dios está en el frente; está en
el mañana. Está en el futuro
que nos llena de espanto. Él ya
está allí. Todos los mañanas de
nuestra vida deben pasar frente a
él antes de que nos lleguen.

F. B. MEYER

Permanece con Dios

Añoro escenas en las que
    el hombre nunca fue subyugado;
Un lugar donde la mujer
    nunca sonrió ni lloró;
Para habitar allí
    con Dios mi creador,
Y reposar como en aquella infancia
    dulcemente adormecida;
Apacible y despejado
    donde yo me recueste;
Con el césped por debajo,
    y por encima el cóncavo cielo.

JOHN CLARE

Lo haré

Soy solamente un ser humano,
pero soy único. No puedo
hacerlo todo, pero puedo hacer
algo. Y lo que pueda hacer, lo
haré por la gracia de Dios.

DWIGHT L. MOODY

Heme aquí

Heme aquí, Señor, en cuerpo,
alma y espíritu. Haz que
con tu amor yo pueda ser
suficientemente grande
para alcanzar el mundo, y
suficientemente pequeño para ser
uno contigo.

MADRE TERESA

Diamantes en bruto

Vigila bien tus ratos libres;
son como diamantes en
bruto. Descártalos, y nunca
conocerás su valor. Mejóralos y
se convertirán en las joyas más
resplandecientes en una vida útil.

RALPH WALDO EMERSON

Dios te invita a esperar

Pido también que les sean
iluminados los ojos del corazón
para que sepan a qué esperanza él
los ha llamado, cuál es la riqueza
de su gloriosa herencia entre los
santos, y cuán incomparable es la
grandeza de su poder a favor de
los que creemos.

EFESIOS 1.18–19 NVI

Reacciona con alabanza

Siempre que reaccionas con alabanza y gratitud ante una oportunidad para llegar a ser más como Jesús, descubrirás que toda situación se transformará en una gran bendición, según la manera en que reacciones a las circunstancias y en lugar de quejarte o sentir autocompasión.

HANNAH HURNARD

La belleza de la paz divina

Vierte el rocío de calma
  que aun posees,
Hasta que todas nuestras luchas
  cesen;
Quita de nuestras almas
  la tensión y el estrés,
Y deja que nuestras
  ordenadas vidas confiesen
La belleza de tu paz.

JOHN G. WHITTIER

La marea cambiará

Cuando ingreses a un lugar
estrecho en que todo está
contra ti, y donde incluso
parece que no puedes soportar
un minuto más, resiste, porque
ese es exactamente el lugar y
el momento en que la marea
cambiará.

HARRIET BEECHER STOWE

Bendiciones actuales

Cavila en tus actuales bendiciones, de las cuales todo hombre tiene muchas, y no en tus desventuras pasadas de las cuales todos los hombres tienen algunas.

CHARLES DICKENS

Mantente fiel a las enseñanzas divinas

Jesús se dirigió entonces a los judíos que habían creído en él, y les dijo: «Si se mantienen fieles a mis enseñanzas, serán realmente mis discípulos; y conocerán la verdad, y la verdad los hará libres».

Juan 8.31–32 nvi

Alegría gratificante

La maravillosa riqueza de la experiencia humana perdería algo de alegría gratificante si no existieran limitaciones que superar. La hora cumbre no sería la mitad de maravillosa si no hubiera valles oscuros que atravesar.

HELEN KELLER

Eres indispensable

Todos tenemos un papel único
que cumplir en el mundo, el
cual es importante en algún
aspecto. Todas las personas,
incluyéndote de manera especial,
son indispensables.

NATHANIEL HAWTHORNE

Gratitud

Señor, gracias por cada
bendición, tanto grande como
pequeña. Ayúdame a estar más
consciente de las maneras en que
me cuidas para que mi gratitud
pueda seguir creciendo. Amén.

La fe ilumina el camino

Por sombrío que mi camino pueda parecer a otros, llevo una luz mágica en mi corazón. La fe, el fuerte reflector espiritual, ilumina el sendero, y aunque siniestras dudas acechan en la sombra, me dirijo sin temor hacia el bosque encantado, donde el follaje siempre es verde, donde mora la alegría… en la presencia del Señor.

HELEN KELLER

El Señor restaura

[Dios] Levanta del polvo al desvalido y saca del basurero al pobre para sentarlos en medio de príncipes y darles un trono esplendoroso. Del SEÑOR son los fundamentos de la tierra; ¡sobre ellos afianzó el mundo!

1 SAMUEL 2.8–9 NVI

Miedo en el rostro

Obtienes fortaleza, valor y
confianza con cada experiencia
en que realmente dejas de mirar
el temor en el rostro. Debes hacer
lo que crees no poder hacer.

ELEANOR ROOSEVELT

Pide gracia

Cada día la gracia está
disponible para nosotros... pero
recordemos pedirla con corazón
agradecido, sin preocuparnos
por no saber si mañana habrá
suficiente gracia.

SARAH BAN BREATHNACH

Fe con libertad

Mientras reine la fe con libertad,
Y sobreviva la esperanza leal,
Y permanezca la misericordiosa
caridad
Para transformar humildes vidas;
Mientras haya un trayecto inexplorado
Para el intelecto o la determinación,
Y los hombres sean libres para pensar
y actuar,
Aún vale la pena vivir.

ALFRED AUSTIN

El don de hacer amigos

Bienaventurados aquellos con el don de hacer amigos, porque este es uno de los mejores regalos de Dios. Involucra muchas cosas, pero sobre todo poder para salir de uno mismo y apreciar lo noble y tierno en otras personas.

THOMAS HUGHES

Sé útil para la obra de Dios

Simplemente tienes que ser tú mismo, a cualquier edad, así como Dios te hizo, disponible para él de tal modo que pueda obrar en ti y a través de ti para atraer su reino y su gloria a este mundo.

LUCI SWINDOLL

Vayamos a servir

Tu corazón palpita con el amor
de Dios; ábrelo a otros. Él te
ha confiado dones y talentos;
úsalos para su servicio. El Señor
va delante de ti en cada paso del
camino; anda en fe. Ten valor.
Sal a lo desconocido con Aquel
que lo sabe todo.

ELLYN SANNA

Por siempre

Por siempre, Señor... qué
alentadoras son estas palabras.
Tenemos toda la eternidad
para pasarla contigo en el cielo.
Gracias por este don inefable.
Gracias por ser el alfa y la
omega, el primero y el último.
Amén.

El mundo de los generosos

Unos dan a manos llenas, y reciben más de lo que dan. ...El que es generoso prospera; el que reanima será reanimado.

PROVERBIOS 11.24–25 NVI

Mi corona

Mi corona está en el corazón,
 no en la cabeza,
No adornada con diamantes
 ni piedras preciosas de la India,
Tampoco para ser vista;
 mi corona se llama contentamiento;
Es una corona que rara vez
 disfrutan los reyes.

WILLIAM SHAKESPEARE, ENRIQUE VI

Éxito en la vida

Si quieres triunfar en la vida,
haz de la perseverancia tu amiga
del alma, de la experiencia tu
sabia consejera, de la prudencia
tu hermana mayor, y de la
esperanza tu genio guardián.

JOSEPH ADDISON

Hacer lo imposible

La excelencia se puede lograr si
todo te importa más de lo que los
demás creen que sea prudente, si
te arriesgas más de lo que otros
creen que sea seguro, si sueñas
más de lo que la gente cree que
sea práctico, y si esperas más de
lo que otros creen que sea posible.

AUTOR DESCONOCIDO

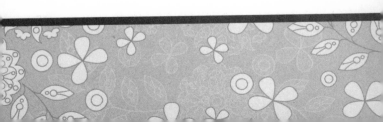

Lleva felicidad a los demás

Intenta al menos hacer feliz a
una persona cada día, y entonces
en diez años habrás hecho felices
a tres mil seiscientas cincuenta
personas, o habrás iluminado un
pequeño pueblo al contribuir con
la satisfacción general.

SYDNEY SMITH

Amor y amistad

El amor humano y el encanto de la amistad, en los cuales se cimientan los recuerdos que perduran, también se deben atesorar como indicios de lo por venir.

BEDE JARRETT

La fuerza de la alegría

Maravillosa es la fuerza
de la alegría, y su poder de
permanencia: el individuo alegre
hará más en el mismo tiempo,
lo hará mejor, y lo conservará
por más tiempo que el triste o
huraño.

THOMAS CARLYLE

Los que esperan en Dios

Aun los jóvenes se cansan,
se fatigan, y los muchachos
tropiezan y caen; pero los
que confían en el SEÑOR
renovarán sus fuerzas; volarán
como las águilas: correrán y no
se fatigarán, caminarán y no se
cansarán.

ISAÍAS 40.30–31 NVI

Lo que espera en el horizonte

Lo mejor que podemos esperar en esta vida es mirar a hurtadillas esas realidades que brillan por delante. Con todo, una ojeada basta. Es suficiente para convencer a nuestros corazones que sin importar los sufrimientos y dolores que actualmente nos asaltan, no valen la pena en comparación con lo que nos espera en el horizonte.

JONI EARECKSON TADA

Gozo

El gozo es oración. El gozo es
fortaleza. El gozo es amor. El
gozo es una red de amor con la
que puedes enganchar almas;
ofrece más a quien da con gozo.

MADRE TERESA

Esculpe tu nombre sobre corazones

Un buen carácter es la mejor
lápida. Quienes te amaron y
recibieron tu ayuda te recordarán
cuando los nomeolvides se hayan
marchitado. Esculpe tu nombre
sobre corazones, y no sobre
mármol.

CHARLES H. SPURGEON

La felicidad de la vida

La felicidad de la vida se compone de fracciones de minutos: las pequeñas y pronto olvidadas benevolencias de un beso, de una sonrisa, de una mirada amable o de un elogio sincero.

SAMUEL TAYLOR COLERIDGE

Ama sin egoísmo

En lugar de ser infeliz,
simplemente deja que tu amor
crezca como Dios desea que
crezca. Busca bondad en otros.
Ama a más personas de manera
más... desinteresada, sin pensar en
la recompensa. No te preocupes, la
recompensa llegará sola.

HENRY DRUMMOND

En vez de preocuparte, ora

No se inquieten por nada; más bien, en toda ocasión, con oración y ruego, presenten sus peticiones a Dios y denle gracias. Y la paz de Dios, que sobrepasa todo entendimiento, cuidará sus corazones y sus pensamientos en Cristo Jesús.

FILIPENSES 4.6–7 NVI

El consuelo del Padre

Padre celestial, me resulta difícil
hallar tiempo para relajarme.
Gracias por obligarme a reposar
aunque no quiera hacerlo.
Gracias por conducirme a aguas
tranquilas cuando necesito
consuelo. Amén.

Esperanza

Esperanza no es la convicción
de que algo se tornará a
nuestro favor, sino la certeza
de que algo tiene sentido
independientemente de cómo
resulte.

VÁCLAV HAVEL

*Vayamos por la
senda de Dios*

La fortaleza y la felicidad de una
persona consisten en descubrir
el camino por el que Dios va, y
transitar también por esa senda.

HENRY WARD BEECHER

La Palabra de Dios

La palabra de Dios es viva y
eficaz, y más cortante que toda
espada de dos filos; y penetra
hasta partir el alma y el espíritu,
las coyunturas y los tuétanos, y
discierne los pensamientos y las
intenciones del corazón.

HEBREOS 4.12

El Espíritu de Dios nos cambia

El Señor nos ofrece su Espíritu,
no solo como un aliciente
sino como transformador del
corazón. Él entra en nosotros
y empieza a rediseñar nuestra
vida interior. De repente
nuestras acciones y palabras son
verdaderas, amables y justas.
Ya no reflejan la oscuridad que
nuestros corazones pintaba
sino el colorido arco iris de las
bendiciones divinas.

PAMELA MCQUADE

No hay límite para las bendiciones divinas

El amor de Dios no tiene límites,
Su gracia no tiene medida,
Su poder es sin confines
  conocidos por los hombres;
Porque de sus riquezas infinitas
  en Jesús
Da, da y da otra vez.

ANNIE J. FLINT

¡El futuro comienza ahora!

¡Alabado sea Dios, Padre de nuestro Señor Jesucristo! Por su gran misericordia, nos ha hecho nacer de nuevo mediante la resurrección de Jesucristo, para que tengamos una esperanza viva y recibamos una herencia indestructible, incontaminada e inmarchitable. Tal herencia está reservada en el cielo para ustedes.

1 Pedro 1.3–4 nvi

Alégrate por la vida

Alégrate por la vida, ya que te da la oportunidad de amar, trabajar, jugar y mirar las estrellas; de estar satisfecho con tus posesiones… de rara vez pensar en tus enemigos, con frecuencia cavilar en tus amigos, y cada día reflexionar en Cristo; y de pasar tanto tiempo como puedas al aire libre con Dios, en cuerpo y espíritu… estos son pequeños hitos en la senda de la paz.

HENRY VAN DYKE

Sé la bondad de Dios

No permitas que alguien llegue a
ti sin que salga mejor y más feliz.
Sé la expresión viva de la bondad
divina: bondad en tu rostro,
bondad en tus ojos, bondad en tu
sonrisa.

MADRE TERESA

Conserva la felicidad y la alegría

La alegría es el fuego sagrado
que mantiene caliente nuestro
propósito y radiante nuestra
inteligencia. Trabajar sin
alegría equivale a nada. Decide
mantenerte feliz, y tú y tu alegría
formarán un ejército invencible
contra las dificultades.

HELEN KELLER

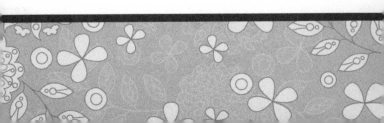

Una santidad en lágrimas

Existe una santidad en lágrimas.
Estas no son señal de debilidad
sino de poder. Hablan con
más elocuencia que diez mil
lenguas. Son mensajeros de
dolor abrumador, de profundo
arrepentimiento, y de amor
indescriptible.

WASHINGTON IRVING

Qué hermoso es estar vivo

¡Qué hermoso es estar vivo!
Despertar cada mañana
  como si la gracia del Creador
Nos renovara
  sin motivo aparente,
De modo que podamos cantar
«¡Qué feliz es nuestro caso!
¡Qué hermoso es estar vivo!»

HENRY SEPTIMUS SUTTON

Soy tu hijo

Señor, soy tu hijo, y te deleitas
en mí cada vez que caigo. Me
levantas, me abrazas, y me
animas a intentar de nuevo.
Gracias por regocijarte en mí.

RACHEL QUILLIN Y NANCY J. FARRIER

Esperanza: ¡el sol de la fortaleza!

¡La esperanza me riega
   el corazón con alegría!
Corriendo en el aire, delirante de vida,
   rauda, vertiginosa,
Hacia lo alto puedo montar: miro por fe,
   vivir es sentir,
¡La esperanza es el sol de la fortaleza!

MARGARET WITTER FULLER

Los días de la infancia

Déjame jugar al sol;
Permíteme cantar de alegría;
Déjame crecer en la luz;
Permite que chapotee en la lluvia,
Y recuerda por siempre los días
  de mi infancia.

AUTOR DESCONOCIDO

Espera en el Señor

Espero al SEÑOR, lo espero
con toda el alma; en su palabra
he puesto mi esperanza. Espero
al SEÑOR con toda el alma,
más que los centinelas la
mañana. ... Porque en él hay
amor inagotable; en él hay plena
redención.

SALMOS 130.5–7 NVI

Corazones jóvenes y ojos abiertos

La mitad de la alegría de vivir está en pequeñeces tomadas a la ligera. Corramos si debemos… pero mantengamos jóvenes nuestros corazones y abiertos nuestros ojos para que no se nos escape nada que valga la pena. Y todo vale la pena si lo entendemos y captamos su significado.

CHARLES VICTOR CHERBULIEZ

No más temor

Señor, quítame los temores
que me atan para que pueda ser
feliz sabiendo que estás allí para
consolarme… sin importar lo
que pase. Amén.

Un brinco ascendente del corazón

La oración es un brinco ascendente del corazón, una mirada serena hacia el cielo, un grito de gratitud y amor que emito tanto desde las profundidades del dolor como desde las alturas del gozo. Tiene grandeza sobrenatural que expande el alma y la une con Dios.

THÈRÉSE DE LISIEUX

Polvo en la balanza

Toda la alegría y el deleite,
todos los placeres que mil
mundos pudieran ofrecer, son
como polvo en la balanza al
compararlos con una hora de
este intercambio mutuo de amor
y comunión con el Señor.

CORA HARRIS HACILRAVY

Alabanzas por el pago de bendiciones

El sol… en toda su gloria,
Ya sea al salir o ponerse… esta
Y muchas otras bendiciones
  parecidas disfrutamos a diario;
Y para la mayoría de ellas,
Debido a que son tan comunes,
La mayoría de hombres olvida
  pagar con alabanzas.
Pero no permitamos que esto
suceda.

IZAAK WALTON

Dependencia en Dios

Comencemos a partir de este momento a reconocer a Dios en todos nuestros caminos, y a hacer todo, lo que sea, como servicio a él y para su gloria, dependiendo solo en él para sabiduría, fortaleza, dulzura y paciencia.

HANNAH WHITALL SMITH

Miremos hacia adelante con esperanza

No esperes con temor los
cambios y las oportunidades de
esta vida; más bien míralos con
total esperanza mientras surgen,
pues Dios, a quien perteneces, te
quitará esos temores.

SAN FRANCISCO DE SALES

El valor proviene del corazón

La palabra *valor* viene del
vocablo latino para *corazón*...
y el valor nace en el corazón.
Las acciones valerosas vienen
del corazón. Y una vida valiente
se vive desde el corazón. Así
que vive desde tu corazón, y
entrelazado en tu vida hallarás el
valor que necesitas.

AUTOR DESCONOCIDO

Otra oportunidad

Si has cometido equivocaciones,
incluso graves, siempre hay
otra oportunidad para ti. No
llamamos fracaso a caer sino a
permanecer caídos.

MARY PICKFORD

Como te ven los demás

Una cosa daría a mi amigo, si
pudiera darle una sola, desearía
para ti la habilidad de que te veas
como otros te ven. Entonces
comprenderías que eres alguien
realmente especial.

B. A. BILLINGSLY

Contar flores

Cuando empezamos a contar flores,
   dejamos de contar malezas;
Cuando comenzamos a contar
bendiciones, dejamos de contar
   necesidades;
Cuando principiamos a contar risas,
   dejamos de contar lágrimas;
Cuando empezamos a contar
recuerdos, dejamos de contar años.

AUTOR DESCONOCIDO

Rumbo a la eternidad

El río de tu gracia
  fluye libremente;
Nos lanzamos a las profundidades
  para navegar hacia ti
En el océano de tu amor
  pronto estaremos;
Navegamos hacia la eternidad.

PAUL RADER

Consuelo eterno

Que nuestro Señor Jesucristo
mismo y Dios nuestro Padre,
que nos amó y por su gracia
nos dio consuelo eterno y una
buena esperanza, los anime y les
fortalezca el corazón, para que
tanto en palabra como en obra
hagan todo lo que sea bueno.

2 Tesalonicenses 2.16–17 nvi

Carga de Dios

Una carga, por pequeña que sea,
puede destruirnos si se la lleva
de forma aislada y en soledad,
pero cuando se la lleva como
parte de la carga de Dios puede
conducirnos a nueva vida. Este
es el gran misterio de nuestra fe.

HENRI NOUWEN

Confía en Dios

Toma las horas, los minutos y
los instantes como vienen: uno
a la vez. No te adelantes. Haz
lo que puedas hacer ahora … y
al final del día, deja que este se
vaya. Pon en manos de Dios todo
lo que se dejó de hacer. El Señor
obra en maneras que no puedes
ver. Confía en él. Duerme…
descansa… relájate en sus brazos.

ELLYN SANNA

Cosas sencillas

Cuando sacamos tiempo para observar las cosas simples de la vida no nos falta estímulo. Descubrimos que estamos rodeados de esperanza sin límites que simplemente está usando ropa informal.

ANÓNIMO

El Padre guía

Padre, me desanimo cuando
no sé qué camino tomar.
Recuérdame que estás
exactamente detrás de mí,
diciéndome en qué sendero
girar. Ayúdame a estar quieto y
escuchar tu guía. Amén.

Obedece la enseñanza de Jesús

Respondió Jesús y le dijo: El que
me ama, mi palabra guardará; y
mi Padre le amará, y vendremos
a él, y haremos morada con él.

JUAN 14.23

La esperanza no falla

Cuando Dios nos sostiene, el cansancio no tiene por qué destruirnos. Podemos descansar en él, y luego continuar con paso firme. A través de la oración y las Escrituras viene refrigerio junto con un nuevo sentido de propósito. La esperanza no falla cuando se pone en el Salvador.

PAMELA MCQUADE

Obligado a ser veraz

No estoy obligado a ganar, pero
sí a ser veraz. No estoy obligado
a triunfar, pero sí a vivir por
la luz que tengo. Debo apoyar
a cualquiera que haga justicia,
permanecer con esa persona
mientras sea justa, y retirarme de
su compañía cuando se descarríe.

ABRAHAM LINCOLN

Creación única

La forma en que estás
estructurado es única, diferente
de cualquier otra. Aun gemelos
idénticos se pueden distinguir
por la voz o los gestos. Dios te ha
diseñado fantásticamente bien.
Él piensa en ti en todo minuto
de cada día, y tiene un propósito
especial para ti, un lugar que solo
tú puedes llenar.

LORI SHANKLE

Vivir a plenitud

Pido, pues, que conozcan ese amor, que es mucho más grande que todo cuanto podemos conocer, para que lleguen a colmarse de la plenitud total de Dios. Y ahora, gloria sea a Dios, que puede hacer muchísimo más de lo que nosotros pedimos o pensamos, gracias a su poder que actúa en nosotros.

EFESIOS 3.19–20 DHH

Una estructura mayor

Hay algo satisfactorio,
rejuvenecedor y vivificante
acerca de las estaciones. Me
recuerdan que represento
una pequeña parte en una
estructura mucho mayor... que
hay un impulso, una secuencia
y una travesía que la mano
del mismísimo Dios pone en
marcha.

KAREN SCALF LINAMEN

A donde a Dios le gusta habitar

Toda la gloria y la belleza del
Señor vienen de adentro, y a
él le agrada morar allí, donde
sus visitas son frecuentes,
su conversación dulce, sus
consuelos refrescantes, y su paz
sobrepasa todo entendimiento.

THOMAS Á KEMPIS

Abrir de par en par

Abramos de par en par las
ventanas de nuestro espíritu y
llenémonos totalmente de luz;
abramos de par en par la puerta
de nuestros corazones para que
podamos recibir y hospedar al
Señor con todas nuestras fuerzas
de adoración.

CHRISTINA ROSSETTI

Una antorcha brillante

Para mí la vida no es una vela
de breve duración. Es una clase
de antorcha espléndida que debo
sostener por el momento, y que
quiero que arda con tanto brillo
como sea posible antes de pasarla
a futuras generaciones.

GEORGE BERNARD SHAW

Palabras amables

Las palabras amables producen
su propia imagen en las almas
de los hombres, imagen que
es hermosa. Ellas apaciguan,
tranquilizan y consuelan a
quien las oye. Todavía no hemos
empezado a utilizar palabras
amables en tal abundancia como
deberíamos hacerlo.

BLAISE PASCAL

El Buen Pastor

Padre, tu guía es digna de
confianza. Eres nuestro Buen
Pastor. Nos llevas a lugares de
descanso cuando lo necesitamos.
Gracias por tu dirección. Amén.

Dios infunde aliento y perseverancia

Todo lo que se escribió en
el pasado se escribió para
enseñarnos, a fin de que,
alentados por las Escrituras,
perseveremos en mantener
nuestra esperanza. Que el
Dios que infunde aliento y
perseverancia les conceda vivir
juntos en armonía, conforme al
ejemplo de Cristo Jesús.

ROMANOS 15.4–5 NVI

Cultivemos el espíritu de serenidad

Haz lo que sea necesario
para alimentar el espíritu
de serenidad en tu vida. No
permitas que el enemigo te
desgaste tanto que pierdas tu
equilibrio y perspectiva. Un
tiempo regular de quietud es
tan importante y necesario
como el sueño, el ejercicio y la
alimentación nutritiva.

EMILIE BARNES

Directo resplandor

Así como el resplandor del alma
acicala el semblante, también
el mundo se hermosea cuando
emite el brillo de Dios.

FRIEDRICH HEINRICH JACOBI

Apreciemos la belleza y lo maravilloso

Cada día me parece
demasiado corto para todos
los pensamientos que quiero
tener, todas las caminatas que
deseo dar, todos los libros que
anhelo leer, y todos los amigos
que pretendo ver. Mientras más
vivo, más cavila mi mente en la
belleza y la maravilla del mundo.

JOHN BURROUGHS

Como soy

Gracia significa que Dios me
acepta exactamente como soy. Él
no requiere o insiste en que me
compare con el nivel de rendimiento
de alguien más. El Señor me ama
completa, cabal y perfectamente.
No puedo hacer nada para añadir o
restar de ese amor.

MARY GRAHAM

Cumplimiento inexpresable

De vez en cuando en mi vida existen esos momentos de plenitud inexpresable que no se pueden explicar totalmente mediante aquellos símbolos llamados palabras. Sus significados solo se pueden articular por medio del inaudible lenguaje del corazón.

MARTIN LUTHER KING, HIJO.

El Señor será tu confianza

No temerás ningún desastre repentino, ni la desgracia que sobreviene a los impíos. Porque el SEÑOR estará siempre a tu lado y te librará de caer en la trampa.

PROVERBIOS 3.25–26 NVI

Deja tras de ti un esperanzador impulso

Todo corazón que ha palpitado
fuerte y alegremente ha dejado
tras sí un esperanzador impulso
en el mundo y ha mejorado la
tradición de la humanidad.

ROBERT LOUIS STEVENSON

Brillar sobre otros

Amado Señor… brilla a través
de mí, y hazlo de tal manera
que cada persona con quien
me contacte pueda sentir tu
presencia en mi alma. Permíteme
por tanto alabarte en la manera
en que más te gusta: brillando
sobre aquellos que están a mi
alrededor.

JOHN HENRY NEWMAN

Una voz suave y apacible

Hay una voz, «una suave y
  apacible voz» de amor,
Que se escucha desde lo alto;
Pero no entre el estruendo
  de sonidos terrenales,
Lo cual aturde aquí abajo;
Mejor la oyen quienes se apartan,
Y paz, dulce paz
Se respira en cada palabra amable.

AUTOR DESCONOCIDO

¡Descubre las buenas nuevas!

Cada persona lleva buenas noticias en su interior. ¡La buena nueva es que no sabes cuán fabuloso puedes ser! ¡Cuánto puedes amar! ¡Qué puedes lograr! ¡Y cuál es tu potencial!

ANNE FRANK

Un espíritu agradecido

Que sea una norma para ti agradecer y alabar a Dios por todo lo que te ocurre, porque es un hecho que cualquier aparente calamidad que te suceda la puedes convertir en bendición si agradeces y alabas al Señor por ella. Por consiguiente, podrías obrar milagros. No podrías hacer más por ti mismo que mediante este espíritu agradecido; porque sana con una palabra expresada y convierte en felicidad todo lo que toca.

WILLIAM LAW

Sigue moviéndote en la dirección correcta

Descubro que lo grandioso en este mundo no es tanto dónde estamos sino en qué dirección nos movemos. Para llegar al puerto del cielo a veces debemos navegar a favor del viento y en ocasiones en contra... pero debemos navegar y no andar a la deriva ni permanecer anclados.

OLIVER WENDELL HOLMES

Dios promete vida eterna

Nuestra esperanza es la vida
eterna, la cual Dios, que no
miente, ya había prometido antes
de la creación.

TITO 1.2 NVI

Dios está en todas partes

No hay color que
  a la rosa pinte
O que al hermoso lirio engalane,
O que marque a la más humilde
  flor que se abre,
Pero Dios lo ha puesto allí. ...
No hay un lugar
  en la inmensidad de la tierra,
En lo profundo del océano
  o en el aire,
Donde no se encuentre amor
  y belleza,
Porque Dios está en todas partes.

AUTOR DESCONOCIDO

Confía en el Señor

Confía en él cuando tenebrosas
   dudas te asalten
Confía en él cuando
   tus fuerzas cedan,
Confía en él cuando
   simplemente debas confiar
Parece lo más difícil de todo.
Confía en él, porque siempre es fiel;
Confía en él, porque es el mejor;
Confía en él, por el corazón de Jesús,
Es el único lugar en que
   se halla descanso.

MISIONES SALESIANAS

Dios hizo y ama todo

Habla, Señor, porque
   tu siervo oye,
Expresa paz a mi alma ansiosa,
Y ayúdame a sentir
   que todos mis caminos
Están bajo tu sabio control;
Aquel que cuida de los lirios,
Y presta atención a la caída
   de los gorriones,
Guiará tiernamente
   a su amado hijo:
Porque él hizo y ama todo.

AUTOR DESCONOCIDO

Espíritu del amor

Al reflexionar en tu pasado
descubrirás que los momentos
en que realmente has vivido son
aquellos en que hiciste cosas en
el espíritu del amor.

HENRY DRUMMOND

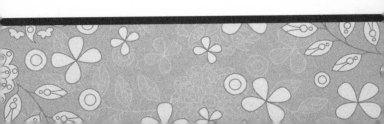

Alaba, no te quejes

No hay duda, Señor. Has
dejado en claro que debo ser
feliz en todo cuanto emprendo.
La próxima vez que sienta
la tentación de quejarme
de los montones de trabajo,
recuérdame que cambie las
quejas en alabanza. Amén.

Imparte felicidad

Que un día particular te traiga más felicidad o mayor sufrimiento es algo que en gran manera está fuera de tu poder de decisión. Que cada día de tu vida te dé felicidad o sufrimiento está dentro de ti.

GEORGE S. MERRIAM

Confianza en Dios

No pongo mi esperanza en mis
fuerzas ni en mis obras, sino
que toda mi confianza está en
Dios mi protector, quien nunca
abandona a quienes han puesto la
esperanza y el pensamiento en él.

FRANÇOIS RABELAIS

Toda tarea importa

Anhelo llevar a cabo tareas
grandes y nobles, pero mi
deber principal es hacer labores
humildes como si fueran grandes
y nobles. El mundo avanza
no solo por los poderosos
empellones de sus héroes, sino
también por los empujoncitos de
cada trabajador honesto.

HELEN KELLER

Salir con alegría

Ustedes saldrán con alegría
y serán guiados en paz. A su
paso, las montañas y las colinas
prorrumpirán en gritos de júbilo
y aplaudirán todos los árboles
del bosque.

ISAÍAS 55.12 NVI

¡Que Jesucristo sea alabado!

Cuando la mañana aparece en los cielos, mi iluminado corazón clama: ¡Que Jesucristo sea alabado! Igual en el trabajo que cuando oro, a Jesús imploro: ¡Que Jesucristo sea alabado!

JOSEPH BARNBY

Un Padre tierno

Dios es un Padre tierno. A
todos nos sitúa en los lugares
donde desea emplearnos; y esa
labor constituye en realidad
«los negocios de nuestro Padre».
Él escoge el trabajo para cada
criatura. ... Nos da siempre
bastantes fuerzas, y suficiente
sentido común para aquello que
desea que hagamos.

JOHN RUSKIN

Luz de amor, fe y esperanza

En las pavorosas y sombrías
noches, cuando la tormenta es
más intensa, el faro arde para
que los marineros puedan volver
a encontrar su camino a casa.
En la vida arde la misma luz,
que se alimenta con amor, fe y
esperanza. Y estos tres arden
con más potencia a través de las
tormentas de la vida, para que
otra vez podamos encontrar el
camino a casa.

AUTOR DESCONOCIDO

Dios te diseñó

Tu identidad no es resultado
de coincidencia ni accidente.
Eres quien eres debido al diseño
amoroso de Dios. Él quiere que
tú seas *tú*, y nadie más.

DARLENE SALA

Tu rostro levantado

Déjate acariciar por el amor del
sol [de Dios]. Bebe las aguas
de la bondad divina. Mantén el
rostro levantado hacia el Señor
como se alzan las flores hacia el
sol. Observa, y tu alma vivirá y
crecerá.

HANNAH WHITALL SMITH

Inmutable belleza

La belleza de la tierra, la lindura del cielo, el orden de las estrellas, el sol, la luna… la misma hermosura de todo esto confiesa a Dios: porque, ¿quién hizo aquellas hermosas cosas mutables, sino Aquel quien en sí mismo es belleza inmutable?

AGUSTÍN

Conviértela en bendición

Si alguien pudiera indicarte el camino más corto y seguro hacia la felicidad y perfección absolutas, te diría que para ti debe ser una norma agradecer y alabar a Dios por todo lo que te sucede. Porque es un hecho que cualquier calamidad aparente que te ocurra, la puedes convertir en bendición si agradeces y alabas a Dios por ella.

AUTOR DESCONOCIDO

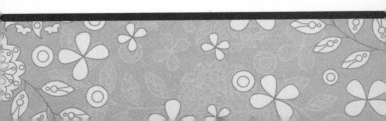

Saldré como oro

Todos «saldremos como oro»
si comprendemos que Dios es
soberano y que sabe lo que es
mejor, aunque al momento no
entendamos lo que está pasando.
El Señor nos pide que confiemos
en él y que sepamos que se
preocupa por nosotros aunque
no podamos seguirle la pista.

SHIRLEY DOBSON

Amor incondicional del Señor

¡Cuán preciosa, oh Dios, es tu
misericordia! Por eso los hijos
de los hombres se amparan bajo
la sombra de tus alas. Serán
completamente saciados de
la grosura de tu casa, y tú los
abrevarás del torrente de tus
delicias. Porque contigo está el
manantial de la vida; en tu luz
veremos la luz.

SALMOS 36.7–9

La maravilla de vivir

La maravilla de vivir se realiza
en la belleza del silencio,
en la gloria de la luz del sol,
en la dulzura del fresco aire
primaveral, en las silenciosas
fuerzas de la tierra, y en el amor
que yace en el origen mismo de
todas las cosas.

ANÓNIMO

De milagro en milagro

Estar vivos, poder ver, caminar
y tener un hogar… todo es un
milagro. He adoptado la técnica
de vivir de milagro en milagro.

ARTHUR RUBENSTEIN

Huellas en tu alma

La vida está llena de personas
que te harán reír, llorar y
alegrarte hasta que te duela el
rostro, y que te harán tan feliz
que creerás que vas a reventar.
Pero aquellas que te dejan huella
en el alma son las que mantienen
tu vida en movimiento.

NATALIE BERNOT

Regocíjate en el Señor

Padre, alabarte y regocijarme en
ti debe estar en lo alto en mi lista
de prioridades. Proclamar tu
amor a otros nunca debe faltar
en mi vida. ¡Gracias por poder
regocijarme en ti! Amén.

Alegría por fuera y por dentro

Ser portador de alegría y dador
de gozo lo dice todo, porque en
nuestra vida si alguien está alegre
significa que vive fielmente para
Dios, y que nada más cuenta. Si
alguien brinda alegría a otros,
está haciendo la obra del Señor;
con alegría por fuera y por
dentro, todo está bien.

JANET ERSKINE STUART

Un cántico nuevo

Me sacó del hoyo de la
destrucción, del lodo cenagoso;
asentó mis pies sobre una roca
y afirmó mis pasos. Puso en mi
boca un cántico nuevo, un canto
de alabanza a nuestro Dios;
muchos verán esto, y temerán, y
confiarán en el SEÑOR.

SALMOS 40.2–3 LBLA

Corrientes de aguas vivas

Mira las corrientes de aguas vivas,
Que nacen de eterno amor,
Buena provisión para tus hijos e hijas
Que quitan, de carencias, todo temor:
¿Quién podría desmayar
   mientras un río así
Siempre fluye para la sed calmar?
Es gracia que, como el Señor,
   como el Dador,
De época en época nunca ha de fallar.

JOHN NEWTON

Gracias, Señor

Gracias Señor por tu amor y
fidelidad para con nosotros.
Gracias por hacernos tu pueblo,
por dejarnos ser ovejas de tu
prado. ¡Gracias por permitirnos
servir a un Dios tan grande!
Amén.

Cree

La fe es la raíz de toda bendición. Cree y serás salvo; cree y tus necesidades serán satisfechas; cree y no dejarás de sentir consuelo y felicidad.

JEREMY TAYLOR

El día más asombroso

Te agradezco Dios por este día
tan maravilloso, por los verdes
espíritus que saltan del bosque,
por el sueño azul del cielo, y por
todo lo que es natural, lo cual es
infinito, lo cual así es.

E. E. CUMMINGS

Enfoque en el amor del Señor

Bendito sea el Dios y Padre de nuestro Señor Jesucristo, que nos bendijo con toda bendición espiritual en los lugares celestiales en Cristo, según nos escogió en él antes de la fundación del mundo, para que fuésemos santos y sin mancha delante de él.

EFESIOS 1.3–4

El cántico de un ángel

Las palabras amables son la música del mundo. Tienen un poder que parece estar más allá de causas naturales, como si fueran algún canto de ángel que se ha extraviado y que llega hasta la tierra.

FREDERICK WILLIAM FABER

No hay por qué temer

Si el Señor está con nosotros no tenemos por qué temer. Su mirada nos cubre, su brazo nos protege, su oído se abre a nuestra oración… su gracia suficiente, su promesa inmutable.

JOHN NEWTON

Haz prevalecer las luces

Un optimista es alguien que ve tan solo las luces en el cuadro, mientras un pesimista solo ve las sombras. Un idealista, sin embargo, es alguien que ve la luz y las sombras, pero que también ve algo más: la posibilidad de cambiar el cuadro, de hacer que las luces prevalezcan sobre las sombras.

FELIX ADLER

Puro y encantador

Lo que pensamos es el alimento
de nuestras almas. Si pensamos
en cosas puras y encantadoras
llegaremos a ser igual de puros y
encantadores.

HANNAH WHITALL SMITH

Guía y anima a otros

Nuestros dones y logros no están
solo para ser luz y calor en nuestras
moradas, también están para brillar
a través de las ventanas y dentro de
la oscura noche, para guiar y animar
a viajeros confundidos en el camino.

HENRY WARD BEECHER

Toma cierta distancia

Aléjate de vez en cuando y descansa un poco, para que cuando vuelvas a tu trabajo tendrás un juicio más seguro. Retírate un poco porque entonces el trabajo parecerá más pequeño y en una sola mirada podrás abarcar más.

LEONARDO DA VINCI

Mi recompensa me espera

Padre, mis problemas diarios
vienen y van; pero si persisto
firme y dedicado, haciendo la
obra que me has puesto a hacer,
confío en que mi recompensa me
espera. Gracias Señor. Amén.

Sigue tus sueños

Sigue tus sueños...
El tejido de todas las alas
Se teje primero de ellos;
De sueños se hacen
Las cosas preciosas e
   imperecederas
Cuyo encanto vive
   y no se desvanece.

VIRNA SHEARD

El verdadero éxito

Apreciar lo bello; descubrir lo mejor en los demás; darse uno mismo; dejar el mundo un poco mejor, ya sea mediante un niño sano, un trozo de jardín, o una condición social redimida; haber jugado y reído con entusiasmo, y cantado con alegría; saber incluso que una vida ha respirado de manera más fácil porque has vivido... esto es haber triunfado.

RALPH WALDO EMERSON

Cristo mora dentro de mí

Sé que Cristo mora en mí
todo el tiempo, guiándome e
inspirándome siempre que hago
o digo algo… una luz a la que
yo no le captaba el brillo antes
de que me llegara en el preciso
momento en que la necesité.

ST. THERESE DE LISIEUX

El Señor es el Dios eterno

¿Por qué murmuras? … ¿Por
qué refunfuñas: … «Mi camino
está escondido del SEÑOR;
mi Dios ignora mi derecho»?
¿Acaso no lo sabes? ¿Acaso no
te has enterado? El SEÑOR es
el Dios eterno, creador de los
confines de la tierra. No se cansa
ni se fatiga, y su inteligencia es
insondable.

ISAÍAS 40.27–28 NVI

Nuestros corazones le pertenecen al Señor

Si creemos en Jesús, se nos ha arrojado una cuerda salvavidas. Nos hemos conectado con él en fe, y aunque constantemente nos esforzamos por mantener nuestras creencias, nuestros corazones en realidad le pertenecen a él. Esa confianza interior nos adquirió la más fabulosa recompensa: eternidad con nuestro Salvador.

PAMELA MCQUADE

Como un bordado

Agarra tu aguja, hijo mío, y
trabaja en tu diseño; poco a poco
saldrá una rosa. La vida es así;
una puntada a la vez realizada
pacientemente, y el diseño
resultará bien, como un bordado.

OLIVER WENDELL HOLMES

Cada flor

El esplendor de la rosa y la
blancura del lirio no roban su
esencia a la pequeña violeta ni su
sencillo encanto a la margarita.
Si toda diminuta flor quisiera ser
una rosa, la primavera perdería
su hermosura.

THERESE DE LISIEUX

Eternidad y sencillez del Creador

Dios es eterno en su sencillez y sencillo en su eternidad. Por tanto está en todas partes y es completo por doquiera. A causa de su eternidad está en cualquier parte, y donde quiera es completo a causa de su sencillez.

MEISTER ECKHART

¡Mira este día!

¡Mira este día! Porque es vida, la misma esencia de la vida. Porque el ayer es un sueño, y el mañana solo una visión, pero el día de hoy bien vivido hace de cada ayer un sueño de felicidad y del mañana una visión de esperanza.

KALIDASA

Recompensas de una vida sencilla

Hallar suficientes elementos universales; encontrar vivificantes al aire y al agua; renovarse con una caminata matutina o un paseo nocturno, y emocionarse con las estrellas en la noche; alegrarse por el nido de un ave o por una flor silvestre en primavera… estas son algunas de las recompensas de la vida sencilla.

JOHN BURROUGHS

El mundo está lleno de belleza

Hay belleza en el bosque
Cuando los árboles son verdes
    y hermosos,
Hay belleza en la pradera
Cuando las flores silvestres
    perfuman el aire.
Hay belleza en la luz del sol
Y en el suave azul que resplandece
    allá arriba.
Ah, el mundo está lleno de belleza
Cuando el corazón está repleto
    de amor.

AUTOR DESCONOCIDO

El camino eterno del Señor

Al seguir a Jesús siempre irás en la dirección correcta. Aunque la senda pueda parecer sombría y complicada, y a menudo te preguntes si estás en el sendero apropiado, mientras el Espíritu de Jesús te guíe no te puedes equivocar. Tu poderoso Señor te dirige en su camino eterno.

PAMELA McQUADE

La compasión de Dios
jamás se agota

Algo más me viene a la memoria, lo cual me llena de esperanza: El gran amor del SEÑOR nunca se acaba, y su compasión jamás se agota. Cada mañana se renuevan sus bondades; ¡muy grande es su fidelidad!

LAMENTACIONES 3.21–23 NVI

Que la gracia te sorprenda

Mi oración es que Dios te sorprenda hoy. En tu rutina diaria, en los estresantes detalles de la vida ordinaria, cuando menos lo esperes, que la gracia te sorprenda, alentándote el corazón.

ELLYN SANNA

Las oraciones son contestadas

Señor, cuando veo cómo has
intercedido a mi favor quiero
postrarme ante ti. Mis oraciones
han tenido respuesta en formas
milagrosas. En momentos en que
lo único que veía era oscuridad,
me proporcionaste luz, poder y
esperanza. Amén.

Sé mejor

Sueña siempre y dispara más
alto de lo acostumbrado. No te
molestes en ser mejor que tus
contemporáneos o predecesores.
Intenta ser mejor que tú mismo.

WILLIAM FAULKNER

Persigue aspiraciones

A lo lejos, allá en el sol están mis
más altas aspiraciones.
Quizás no las alcance, pero
puedo levantar la mirada y ver su
belleza.
Cree en ellas, y tratar de seguir
hacia donde se dirigen.

LOUISA MAY ALCOTT

Instrumento de paz divina

Señor, hazme un instrumento de tu paz. Que donde haya odio, yo pueda mostrar amor. Donde haya ofensa, perdón. Donde haya duda, fe. Donde haya desesperación, esperanza. Donde haya oscuridad, luz. Donde haya tristeza, gozo.

SAN FRANCISCO DE ASÍS

Tremendo tesoro en la naturaleza

Si somos hijos de Dios tenemos
un tremendo tesoro en la
naturaleza, el cual nos daremos
cuenta que es santo y sagrado.
Veremos al Señor extendiéndose
hacia nosotros en cada viento
que sopla, en cada amanecer y
atardecer, en cada nube en el
cielo, en cada flor que se abre, y
en cada hoja que se marchita.

OSWALD CHAMBERS

Mi fortaleza y mi escudo

El SEÑOR es mi fuerza y mi
escudo; mi corazón en él confía;
de él recibo ayuda. Mi corazón
salta de alegría, y con cánticos le
daré gracias.

SALMOS 28.7 NVI

Finalmente la paz

Que Dios nos sostenga todo
el día, hasta que las sombras
se alarguen, venga la noche, el
ajetreado mundo calle, la fiebre
de la vida se haya ido, ¡y nuestro
trabajo esté hecho! Entonces
en su misericordia él nos da
un albergue seguro y un santo
descanso, y finalmente la paz.

JOHN HENRY CARDINAL NEWMAN

En tu paz

Cálmame, oh Señor,
   como la tormenta calmaste,
Tranquilízame, oh Dios,
   líbrame del mal.
Que todo el tumulto
   en mi interior cese,
Envuélveme Señor en tu paz.

ANCESTRAL CÉLTICA

En cada paso

Cuando enfrentamos problemas graves, Dios no nos abandona; a medida que la vida se consume, él no se echa atrás en nuestra necesidad. No, el Eterno nos guía en cada paso del camino, aunque haya gozo o desaliento en la vida. El Señor nunca renuncia a ti ni te falla. Así que no te des por vencido.

PAMELA MCQUADE

Un desierto florido

No conozco nada tan agradable
como sentarme en una tarde
veraniega con el sol poniente
titilando entre el gran saúco,
allí donde hay una espesura de
flores y arbustos floridos como
el césped en un campo: un
desierto florecido, entretejido,
entrelazado, coronado,
engalanado y profuso más allá de
toda abundancia.

MARY MITFORD

No hay situación demasiado caótica

No hay situación tan caótica que Dios no pueda sacar de ella algo incomparablemente bueno. Lo hizo en la creación. Lo hizo en la cruz, y lo está haciendo hoy.

OBISPO MOULE

A rebosar

Que el Dios de la esperanza
los llene de toda alegría y paz
a ustedes que creen en él, para
que rebosen de esperanza por el
poder del Espíritu Santo.

ROMANOS 15.13 NVI

Mi corazón

Mi corazón es como un ave cantora
Cuyo nido se halla en una caída de agua;
Mi corazón es como un manzano
Cuyas ramas se doblan
    cargadas de fruta;
Mi corazón es como la estructura
    de un arco iris
Que rema en un idílico mar;
Mi corazón está más alegre que todos estos,
Porque el amor ha llegado a mí.

Christina Rossetti

Volvernos como niños

Toma tiempo para fantasear.
Abandónate al juego. Creo que
Dios nos da imaginación por
una razón. Cristo está al tanto
de las presiones que soportamos.
Quizás por esto es que nos
anima a «volvernos como niños».

JEAN LUSH CON PAM VREDEVELT

En la senda correcta

Padre, gracias por tu ofrecimiento de protegerme si te amo. Sé que esta es una promesa eterna. ¿Qué otro incentivo necesito para seguir el camino adecuado contigo? Mantenme en la senda correcta, Señor. Amén.

El Pastor guía

Dejados a nuestra propia
voluntad, o corremos a
velocidades suicidas justo
más allá de la pradera, o nos
sentamos en el desierto reseco.
El Pastor interviene a nuestro
favor para guiarnos… en una
senda apacible y dentro de una fe
más tranquila.

PATSY CLAIRMONT

La vida es aquello para lo que estamos vivos

La vida es aquello para lo que estamos vivos. No es longitud sino amplitud. ... Es vivir para... la bondad, la amabilidad, la pureza, el amor, la historia, la poesía, la música, las flores, las estrellas, Dios, y la esperanza eterna.

MALTBIE D. BABCOCK

Dios ha prometido

El mismo Dios que guía a las estrellas en sus cursos, que dirige a la tierra en su órbita, que alimenta el horno ardiente del sol y que mantiene a las estrellas encendidas eternamente con sus fuegos… ese mismo Dios ha prometido suplirte fortaleza.

CHARLES SPURGEON

Nunca pierdas una oportunidad

Nunca pierdas una oportunidad
de ver algo que sea sublime;
porque la belleza es la escritura
de Dios, un borde sagrado
del camino. Acógelo en cada
rostro hermoso, en cada cielo
despejado, en cada bella flor, y
agradece a Dios por ello como
por una copa de bendición.

RALPH WALDO EMERSON

Oportunidades de un servicio más generoso

Se podría tratar de una instancia más que creemos poder cumplir, una responsabilidad más que pensamos que podemos manejar. ... Las interrupciones nunca distrajeron a Jesús. Él las aceptó como oportunidades para un servicio más generoso.

RUTH BELL GRAHAM

La promesa de Dios no cambia

Lo hizo así para que, mediante
la promesa y el juramento, que
son dos realidades inmutables en
las cuales es imposible que Dios
mienta, tengamos un estímulo
poderoso los que, buscando
refugio, nos aferramos a la
esperanza que está delante de
nosotros.

HEBREOS 6.18 NVI

Un amigo anima

A veces tenemos momentos en que estamos perfectamente satisfechos de sentirnos tristes. ... Entonces viene un amigo que se las arregla para estimularnos una sonrisa, y si realmente se esfuerza lo suficiente hasta nos puede provocar un ataque de risa.

ANITA WIEGAND

La gracia de Dios

La gracia de Dios es demasiado grande y fabulosa para entenderla por completo. De ahí que debamos llevar con nosotros durante todo el día los momentos de la gracia divina: el trinar de pájaros cantores en la mañana, la bondad mostrada en la tarde, y el sueño reparador durante la noche.

ANÓNIMO

La fe nos protege del miedo

Ninguna alma cobarde es mía,
Ningún temblor en la esfera
   tormentosa del mundo:
Veo glorias celestiales que brillan,
Y así también brilla la fe,
   protegiéndome del temor.

EMILY BRONTË

Lo más dulce en la vida

Las mejores cosas en la vida son las más cercanas: aliento en las fosas nasales, brillo en los ojos, flores a los pies, deberes a la mano, la senda de justicia exactamente por delante. No podrás agarrar las estrellas, pero sí el trabajo común y corriente de la vida tal como venga, la certeza de que las obligaciones diarias y el pan de cada día son las cosas más dulces de la vida.

ROBERT LOUIS STEVENSON

Nuestro viaje

En una hermosa naturaleza de
flores silvestres nos regocijamos
a tal punto con la variedad y
novedad de la escena, que en
nuestro placer perdemos toda
sensación de debilidad o fatiga en
la duración de nuestro divagar;
y llegamos al final antes de estar
conscientes de nuestro viaje.

JOHN CLARE

Por medio de la fe en Jesucristo

No debemos sentarnos a esperar
milagros; levántate y actúa, y el
Señor estará contigo. La oración
y los esfuerzos, por medio de la
fe en Jesucristo, harán cualquier
cosa.

GEORGE ELIOT

El amor de Cristo

Le pido que, por medio del
Espíritu y con el poder que
procede de sus gloriosas riquezas,
los fortalezca a ustedes en lo
íntimo de su ser, para que por fe
Cristo habite en sus corazones.
Y pido que, arraigados y
cimentados en amor, puedan
comprender, junto con todos los
santos, cuán ancho y largo, alto y
profundo es el amor de Cristo.

EFESIOS 3.16–18 NVI

Nueva creación

Si esta noche mi alma
encontrara paz en el sueño, si
se hundiera en buen olvido, y
en la mañana despertara como
una flor recién abierta, entonces
me habré sumergido otra vez en
Dios, y seré nueva creación.

D. H. Lawrence

Dios tranquiliza

Padre, no puedo comenzar a
contar la cantidad de veces
que has ceñido tus amorosos
brazos alrededor de mí para
tranquilizarme en medio de mis
temores. Has estado cerca de
mí en momentos de aflicción y
me has dado seguridad cuando
he enfrentado gran desilusión.
Amén.

Todo lo que tu corazón podría desear

Que siempre tengas paredes contra el viento, un techo contra la lluvia, té junto al fuego, risas que te alegren, seres queridos cerca de ti, y todo lo que tu corazón podría desear.

BENDICIÓN IRLANDESA

Sabiendo que tiene alas

Sabe que tiene alas
Sé como el ave que al detener
  su vuelo
Un momento sobre ramas
  muy ligeras
Siente que ceden bajo su peso,
  y sin embargo canta
Sabiendo que tiene alas.

VÍCTOR HUGO

La mano de Dios

Nada toca mi vida que no haya pasado primero por la mano de Dios. Él sabe lo que es mejor para mí. Confiaré su mano en mi vida, creyendo que él ve cómo todo obra en conjunto.

AUTOR DESCONOCIDO

SUSURROS
de Aliento

Condiciones encantadoras

Aprecia tus visiones; valora tus ideales; quiere la música que conmueve tu corazón, la belleza que se forma en tu mente, la gracia que envuelve tus más puros pensamientos, porque de todos ellos surgirán condiciones encantadoras y un ambiente celestial.

JAMES ALLEN

Descanso para el alma

Vengan a mí todos ustedes que están cansados y agobiados, y yo les daré descanso. Carguen con mi yugo y aprendan de mí, pues yo soy apacible y humilde de corazón, y encontrarán descanso para su alma. Porque mi yugo es suave y mi carga es liviana.

MATEO 11.28–30 NVI

Dios está despierto

Ten valor en las grandes
tristezas de la vida y paciencia
en las pequeñas; y cuando hayas
cumplido laboriosamente tu
tarea diaria, ve a dormir en paz.
Dios está despierto.

VÍCTOR HUGO

Continuamente lleno de alabanza y gratitud

Señor, quiero que mi corazón
esté continuamente colmado
de alabanza y gratitud hacia
ti. Mantenme firme en el
pensamiento de que todo lo que
haces es bueno y glorioso para
mí. Solo tú mereces mi alabanza
y adoración. Amén.

Los ideales son como estrellas

Los ideales son como estrellas,
que no puedes tocarlas con
las manos. Pero igual que el
marinero en la inmensidad de
las aguas las escoges como tus
guías, y al seguirlas alcanzarás tu
destino.

CARL SCHURZ

La obra de tus manos

Que siempre haya trabajo para
que tus manos realicen, que en
tu monedero siempre tengas
una o dos monedas. Que el sol
brille siempre en el cristal de tu
ventana, que tengas la seguridad
de que un arco iris siempre sigue
a cada lluvia. Que una mano
amiga esté siempre cerca de ti,
que Dios te inunde el corazón
con gozo para alegrarte.

BENDICIÓN IRLANDESA

Pon el amor en acción

El amor no puede mantenerse
por sí mismo… no tiene sentido.
Se le debe poner en acción,
y esa acción es el servicio.
Seamos como seamos, capaces o
discapacitados, ricos o pobres, no
se trata de cuánto hagamos sino
de cuánto amor pongamos en
lo que hacemos; un intercambio
permanente de amor con los
demás.

MADRE TERESA

El cielo en la tierra

En todo lo dulce, encantador
y afable en este mundo, en la
serenidad del aire, la exactitud
de las estaciones, la alegría de la
luz, la melodía de los sonidos,
la hermosura de los colores,
la fragancia de los aromas,
el esplendor de las piedras
preciosas, no está otra cosa que
el cielo atravesando el velo de
este mundo.

WILLIAM LAW

Dios provee

El que le suple semilla al que
siembra también le suplirá pan
para que coma, aumentará los
cultivos y hará que ustedes
produzcan una abundante
cosecha de justicia. Ustedes
serán enriquecidos en todo
sentido para que en toda ocasión
puedan ser generosos, y para
que por medio de nosotros la
generosidad de ustedes resulte en
acciones de gracias a Dios.

2 CORINTIOS 9.10–11 NVI

No viviré en vano

Si puedo evitar que un corazón
  se desintegre,
No habré vivido en vano;
Si puedo mitigar el dolor
  en una vida,
Calmar un sufrimiento,
O ayudar a un petirrojo caído
A volver a su nido,
No habré vivido en vano.

EMILY DICKINSON

En el corazón de todo ser humano

Tenga dieciséis o sesenta años, en el corazón de todo ser humano se halla el encanto por lo asombroso, el inagotable apetito infantil de lo que viene a continuación, y la alegría del juego de vivir.

SAMUEL ULLMAN

Dios está suficientemente cerca

No necesitamos escudriñar
el cielo por aquí o por allá
para encontrar a nuestro
Padre eterno. Es más, ni
siquiera debemos hablar
en voz alta porque aunque
expresemos en leves susurros
el pensamiento más fugaz, él
está suficientemente cerca para
oírnos.

TERESA DE ÁVILA

Mi esperanza

Señor, tú eres mi esperanza
en un mundo a menudo
desalentado. Eres mi esperanza
del cielo, mi ilusión de la paz, mi
expectativa de cambio, propósito
y amor incondicional. Llena el
reservorio de mi corazón hasta
que desborde con el gozo que
trae la verdadera esperanza.
Amén.

Pequeños bolsillos de felicidad

Entre la casa y la tienda hay
pequeños rincones de felicidad.
Un ave, un jardín, el saludo de
un amigo, la sonrisa de un niño,
un gato al sol requiriendo una
caricia. Reconócelos o pásalos
por alto. Siempre depende de ti.

PAM BROWN

Mira alrededor... ve a Cristo

Mira hacia atrás…
  ve a Cristo agonizando por ti.
Mira hacia arriba…
  ve a Cristo rogando por ti.
Mira en tu interior…
  ve a Cristo morando en ti.
Mira adelante…
  ve a Cristo viniendo por ti.

AUTOR DESCONOCIDO

Vida abundante

Vida abundante, repleta de cosas buenas en esta tierra, paz y gozo espiritual, y llena de relaciones satisfactorias… eso es lo que Dios quiere que su pueblo tenga. Puesto que Jesús entró a tu vida, ingresaste a un nuevo reino. La vida ha tomado un significado distinto, porque conoces al Creador.

PAMELA MCQUADE

Destinados a ser inmortales

Nuestro Creador nunca habría
hecho días tan encantadores,
ni nos habría dado corazones
intensos para disfrutarlos,
mucho más allá de todo
pensamiento, a menos que
estuviéramos destinados a ser
inmortales.

NATHANIEL HAWTHORNE

El alma es un templo

El alma es un templo que
Dios está construyendo
silenciosamente día y noche.
Lo construye con pensamientos
preciosos, amor generoso y fe
totalmente viva.

HENRY WARD BEECHER

La senda de la paz

Gracias a la entrañable
misericordia de nuestro Dios.
Así nos visitará desde el cielo el
sol naciente, para dar luz a los
que viven en tinieblas, en la más
terrible oscuridad, para guiar
nuestros pasos por la senda de la
paz.

Lucas 1.78–79 nvi

Está bien con mi alma

Señor, apresura el día
  en que mi fe se pueda ver,
Cuando las nubes se retiren
  como pergamino que se enrolla;
Cuando la trompeta resuene,
  y descienda el Señor,
Aun así, está todo bien con mi alma.

HORATIO G. SPAFFORD

Dios sabe

Tú no sabes lo que vas a hacer; lo único que te consta es que Dios sabe lo que está haciendo… Es esta actitud la que te mantiene en asombro perpetuo, pues no sabes lo que Dios hará a continuación.

OSWALD CHAMBERS

Un carácter alegre unido con inocencia

Un carácter alegre unido
con inocencia hará atractiva
a la belleza, encantador
al conocimiento, y afable
al ingenio. Aligerará la
enfermedad, la pobreza
y la aflicción; convertirá
la ignorancia en amable
simplicidad, y hará agradable a la
misma deformidad.

JOSEPH ADDISON

Sigue adelante

Cada segundo empieza para
nosotros una nueva vida.
Caminemos con alegría a su
encuentro. Debemos continuar,
querámoslo o no, y andaremos
mejor mirando hacia adelante
que atisbando hacia atrás.

AUTOR DESCONOCIDO

Que el amor de Dios irradie de ti

Deja que en tu corazón esté
Jesús,
La eternidad en tu espíritu,
El mundo bajo tus pies,
La voluntad de Dios en tus
acciones.
Y permite que el amor de Dios
irradie de ti.

CATHERINE DE GENOA

Un resplandor divino

Ayúdame a extender mi fragancia adondequiera que yo vaya. Inunda mi alma con tu espíritu y tu vida. Descubre y posee todo mi ser tan totalmente, que mi vida solo pueda ser un resplandor de ti, Señor.

CARDENAL JOHN HENRY NEWMAN

Nada de qué preocuparse

Padre, mientras confíe en tu presencia, no tengo nada de qué preocuparme. Nada me puede separar de ti, porque tú eres el fuerte protector, el poderoso que me observa siempre. Te alabo, Señor, por tu protección. Amén.

Bañado por la luz del sol

Si te dedicas a ayudar a los hambrientos y a saciar la necesidad del desvalido, entonces brillará tu luz en las tinieblas, y como el mediodía será tu noche.

ISAÍAS 58.10 NVI

Deseos

Te deseo luz de sol en el camino
y tormentas para sazonar tu
viaje. Te deseo paz… tanto en el
mundo en que vives como en el
rincón más pequeño del corazón
donde permanece la verdad. Te
deseo fe… para que te ayude
a definir tu sustento y tu vida
misma. Más no te puedo desear,
excepto quizás amor, para hacer
que todo lo demás valga la pena.

ROBERT A. WARD

No permanezcas en el pasado

Atesora hoy día tus recuerdos, pero no permanezcas en el pasado, lamentando los «buenos tiempos». La presencia de Dios estuvo contigo en cada instante de esos días, y sé que llenará tu vida con bendiciones, pero él también está contigo hoy. Además el Señor tiene un depósito de bendiciones que espera entregarte en el futuro.

ELLYN SANNA

Equilibrio

Lo mejor y más seguro es
mantener equilibrio en la vida,
reconocer el gran poder dentro y
alrededor de nosotros. Si puedes
hacer eso y vivir de ese modo
eres realmente alguien sabio.

EURÍPIDES

Jesús

Dios nunca, nunca, nunca nos
defraudará si tenemos fe y
ponemos nuestra confianza en
él. Siempre velará por nosotros.
Por tanto, debemos adherirnos
a Jesús. Toda nuestra vida debe
simplemente estar tejida en Jesús.

MADRE TERESA

La mano de Dios

Él esconde mi alma en
  la hendidura de la roca
Que sombrea una tierra
  seca y sedienta;
Él esconde mi vida en las
  profundidades de su amor,
Y me cubre allí
  con su mano,
Y me cubre allí
  con su mano.

FANNY CROSBY

Confianza

Esta es la confianza que
delante de Dios tenemos por
medio de Cristo. No es que
nos consideremos competentes
en nosotros mismos. Nuestra
capacidad viene de Dios.

2 Corintios 3.4–5 NVI

A qué se parece el amor

¿A qué se parece? Tiene manos
para ayudar a otros, pies para
correr hacia los pobres y
necesitados, ojos para ver la
miseria y la escasez, oídos para
oír los suspiros y las penas de
los hombres. A eso es a lo que se
parece el amor.

SAN AGUSTÍN

El constante cuidado del Señor

Padre, te alabo por tu apoyo.
Cuando me fallan las fuerzas,
las tuyas siempre son suficientes.
Gracias por tu constante amor y
cuidado, por escuchar mi llanto
y acudir a rescatarme. Amén.

Tú puedes dar

¡Qué hermoso pensar que nadie
debe esperar un momento,
y podemos empezar ahora,
empezar lentamente a cambiar el
mundo! Qué fabuloso que todos,
grandes y pequeños, podamos
hacer nuestra contribución para
introducir justicia inmediata. ...
Y siempre, siempre podemos dar
algo, ¡aunque solo sea bondad!

ANNE FRANK

Cree

Cuando llegas al borde de la
única luz que tienes, y debes dar
un paso dentro de la oscuridad
de lo desconocido, cree que
ocurrirá una de dos cosas: o
habrá algo sólido en qué posarte,
o se te enseñará a volar.

PATRICK OVERTON

Agradezcamos al Guardián

Por las horas de luz y claras visiones,
Por todos los queridos y
   recordados rostros,
Por esos camaradas de un solo día,
Que nos fortalecieron
   en nuestro camino,
Por los amigos que compartieron
   a lo largo del año,
Y llevaron con nosotros
   el peso común,
Por las horas que soportaron
   pesadas cargas,
Pero que a nuestras metas
   nos acercaron,
Por el entendimiento obtenido
   con fatigas y lágrimas
Debemos agradecer al Guardián
   de nuestros años.

CLYDE MCGEE

Campeones

Los campeones no triunfan
al ganar la competencia, sino
durante las horas, semanas,
meses y años que pasan
preparándose para ella. El
rendimiento victorioso en sí solo
es la demostración de su carácter
de campeones.

T. ALAN ARMSTRONG

Amó de tal manera

De tal manera amó Dios al mundo, que ha dado a su Hijo unigénito, para que todo aquel que en él cree, no se pierda, mas tenga vida eterna. Porque no envió Dios a su Hijo al mundo para condenar al mundo, sino para que el mundo sea salvo por él.

JUAN 3.16–17

Otro día

Lo maravilloso de la puesta del
sol, y lo mismo puede decirse
de su salida, es que sucede cada
día; y aunque el ocaso mismo
no fuera espectacular, marca el
inicio de un día más. Este es un
buen momento para hacer una
pausa y observar.

ELAINE ST. JAMES

Reflexión

La reflexión permite a nuestras mentes extenderse en tres direcciones distintas: la que lleva a una adecuada relación con Dios, la que lleva a una saludable relación con los demás, y la que lleva a una comprensión más profunda de nosotros mismos.

MARK CONNOLLY

Levantemos las cargas

Observamos nuestras pesadas
cargas y rehuimos de ellas; pero
al levantarlas y sujetarlas a
nuestros corazones se convierten
en alas, en las cuales subimos y
nos remontamos hacia Dios.

SRA. DE CHARLES E. COWMAN

Logro

Piensa en el día en que al final
estés sumamente satisfecho.
No es un día en que hayas
holgazaneado sin hacer nada,
sino uno en el que has tenido
todo por hacer, y lo has hecho.

MARGARET THATCHER

Fortaleza divina

Debido a tu fortaleza, Señor,
puedo sonreír. Cuando necesito
paz, fortaleces mi interior.
Allí es donde más te necesito.
Permíteme cavilar en tu
fortaleza para que otros también
se acerquen a ti. Amén.

VIDA PLENA

La vida está llena de belleza.

Obsérvala. Observa al abejorro, al niño pequeño, y a los sonrientes rostros. Olfatea la lluvia y siente el viento. Vive a tu máximo potencial y lucha por tus sueños.

ASHLEY SMITH

Hermosura

Cada día de su vida una persona
debería oír un poco de música,
leer un poco de poesía, y ver
una buena pintura, a fin de que
las preocupaciones del mundo
no destruyan la sensación
de hermosura que Dios ha
implantado en el alma humana.

JOHANN WOLFGANG VON GOETHE

Actitud

Tu vida está determinada no
tanto por lo que te ofrece sino
por la actitud que le entregas; no
tanto por lo que te ocurre sino
por la manera en que tu mente
mira lo que sucede.

KAHLIL GIBRAN

Trabaja con esmero

¿Estás aburrido de la vida?
Entonces dedícate a alguna obra
en que creas de todo corazón,
vive por ella, muere por ella, y
encontrarás una dicha que nunca
creíste que podría ser tuya.

DALE CARNEGIE

Con todo el corazón

Hagan lo que hagan, trabajen de buena gana, como para el Señor y no como para nadie en este mundo, conscientes de que el Señor los recompensará con la herencia. Ustedes sirven a Cristo el Señor.

COLOSENSES 3.23–24 NVI

Un amigo

Mientras amamos, servimos;
mientras otros nos amen, opino
que somos indispensables; y
ningún ser humano es inútil
mientras tenga un amigo.

ROBERT LOUIS STEVENSON

Vive a plenitud

Intenta en lo posible vivir a plenitud, con todas tus fuerzas, y cuando rías, ríe con ganas, y cuando te enfades hazlo bien y acaloradamente. Trata de estar vivo. Muy pronto estarás muerto.

WILLIAM SAROYAN

Una nueva persona

Padre, gracias a ti empiezo de nuevo, fresco y limpio, porque me has hecho una nueva persona. Ahora tengo una vida de días nuevos para pasarlos de la manera que yo elija. Gracias por tu perdón inagotable. Amén.

No esperes

No esperes hasta que todo
esté muy bien; las cosas nunca
serán perfectas. Siempre
habrá desafíos, obstáculos y
condiciones menos que perfectas.
¿Entonces qué? Empieza ahora.
Con cada paso que des te harás
más y más fuerte, más y más
hábil, más y más seguro de ti
mismo, y más y más fructífero.

MARK VICTOR HANSEN

Imaginación

El mundo más bello siempre
se presenta a través de la
imaginación. Si deseas ser algo
que no eres (algo hermoso,
noble, bueno) cierra los ojos, y
por un precioso momento eres lo
que anhelas ser.

HELEN KELLER

Aliento y amor

Lisonjéame, y no te creeré.
Critícame, y no me caerás bien.
No me tomes en cuenta, y no
te perdonaré. Anímame, y no
te olvidaré. Ámame, y me veré
obligado a amarte.

WILLIAM ARTHUR WARD

La Biblia

Cuando busques un poco de dulzura en medio de una vida amarga, recurre a la Biblia. Las Escrituras son una enorme carta de amor de parte de Dios para su pueblo. Incluso cuando el más nuevo de los creyentes lee atentamente, la misericordia del Señor se clarifica. Pero un creyente de toda la vida puede leer el mismo pasaje y ver algo nuevo una y otra vez.

PAMELA McQUADE

El cielo

Señor, sé que llegará el día
en que estaremos en el cielo
contigo. Espero aquel tiempo,
y gracias por la oportunidad de
compartir contigo ese momento
y ese lugar. Amén.

Una ofrenda

Hermanos, tomando en cuenta
la misericordia de Dios, les
ruego que cada uno de ustedes,
en adoración espiritual, ofrezca
su cuerpo como sacrificio vivo,
santo y agradable a Dios.

ROMANOS 12.1 NVI

Cree que puedes

A menudo los hombres llegan a ser lo que creen que son. Si creo que no puedo hacer algo, no podré hacerlo. Pero cuando creo que puedo, entonces adquiero la capacidad de hacerlo, aunque no lo consiga en un principio.

Mahatma Gandhi

Primeros pasos

El secreto de progresar es
empezar. El secreto de empezar
es desglosar tus abrumadoras
y complejas tareas en otras
más pequeñas y manejables,
y entonces comenzar con la
primera.

MARK TWAIN

Amor

Amor es amistad iluminada. Es
comprensión sosegada, confianza
mutua, intercambio y perdón.
Es lealtad en momentos buenos
y malos. Se conforma con
menos que perfección y permite
debilidades humanas.

ANN LANDERS

¡A Dios toda la alabanza y la gloria!

Qué tremendo es lo que el poder
  de Dios ha hecho
Su gentil misericordia conserva,
En el resplandor de la mañana o
  en las sombras de la noche
Su mirada vigilante nunca duerme.
Dentro del reino de su gran poder,
¡Mira! Todo es justo y todo
  es recto:
¡A Dios toda la alabanza y la gloria!

JOHANN J. SCHÜTZ

Que te conceda la paz

El SEÑOR te bendiga y te
guarde; el SEÑOR te mire con
agrado y te extienda su amor; el
SEÑOR te muestre su favor y te
conceda la paz.

NÚMEROS 6.24–26 NVI

De par en par

Abramos de par en par las
ventanas de nuestro espíritu y
llenémonos totalmente de luz;
abramos de par en par la puerta
de nuestros corazones para que
podamos recibir y hospedar al
Señor con todas nuestras fuerzas
de adoración.

CHRISTINA ROSSETTI

Una palabra amable

Una palabra amable, como lluvia
de verano, suavizar algún corazón
y ahuyentar el dolor puede.
¡Qué alegría o tristeza a menudo
surge solamente de pequeñas y
sencillas cosas!

WILLA HOEY

Sube más arriba

¿Por qué vivir a mitad de la colina y envueltos en niebla, cuando podríamos tener sobre nuestras cabezas un cielo sin nubes y con sol radiante, si trepáramos más y camináramos a la luz del rostro de Dios?

ALEXANDER MACLAREN

Sin desesperación

Una de las mejores garantías
de nuestras esperanzas es
poder delimitar y reconocer
las áreas de imposibilidad para
enfrentarlas directamente, no
con desesperación sino con la
intención creativa de impedir
que contaminen las áreas de
posibilidad.

WILLIAM F. LYNCH

Quienes aman

Quienes aman nacen sobre alas;
corren y están llenos de júbilo;
son libres y sin restricciones. …
Por sobre todo, descansan en lo
más alto: en Aquel de quien fluye
todo lo bueno.

THOMAS À KEMPIS

Deseo para ti

Cuando te sientas solo,
  te deseo amor;
Cuando estés decaído,
  te deseo gozo;
Cuando estés atribulado,
  te deseo paz;
Cuando las cosas se compliquen,
  te deseo la simple belleza;
Cuando las cosas se pongan caóticas,
  te deseo silencio interior;
En todo momento te deseo
  al Dios de la esperanza.

AUTOR DESCONOCIDO

Por gracia

Porque por gracia ustedes han sido salvados mediante la fe; esto no procede de ustedes, sino que es el regalo de Dios, no por obras, para que nadie se jacte. Porque somos hechura de Dios, creados en Cristo Jesús para buenas obras, las cuales Dios dispuso de antemano a fin de que las pongamos en práctica.

EFESIOS 2.8–10 NVI

Vida maravillosa

Llegar a Jesús nos trae nueva vida. No solo unos cuantos años más en la tierra o mejor manera de vivir sino vida real, emocionante y maravillosa. Una existencia libre de la constante necesidad de pecado. La capacidad de hacer lo correcto por las razones correctas. Una vida conectada con el mismísimo Dios.

PAMELA MCQUADE

Obediencia

Todas las verdades de Dios están
selladas hasta que se nos abren a
través de la obediencia. Hasta la
mínima cantidad de obediencia
abre el cielo.

OSWALD CHAMBERS

Un nombre maravilloso

Jesús. ¡Qué nombre maravilloso!
Es el único al que debemos
recurrir para salvación. Señor,
te alabo por ser el Camino, la
Verdad y la Vida. Amén.

Fe cristiana

La fe cristiana es como una gran catedral, con vitrales divinamente coloreados. Desde afuera no ves ni te puedes imaginar ninguna gloria. Pero si estás adentro, cada rayo de luz revela una armonía de esplendor indescriptible.

NATHANIEL HAWTHORNE

Dios sabe

Dios sabe todo acerca de nosotros, y se encarga de todo. Además, él controla toda situación. ¡Y nos ama! Sin duda esto basta para abrir las fuentes de gozo. ... Y el gozo siempre es fuente de fortaleza.

HANNAH WHITALL SMITH

Por la gracia de Dios

No soy lo que debería ser; no soy
lo que desearía ser; no soy lo que
espero ser, pero por la gracia de
Dios no soy lo que fui.

JOHN NEWTON

Nuestro lugar de morada

Cuando se nos dice que Dios,
quien es nuestra morada,
también es nuestra fortaleza,
esto solo puede significar una
cosa: Que si queremos vivir
en nuestra morada estaremos
perfectamente seguros.

HANNAH WHITALL SMITH

Risa

El sentido del humor, gran
regalo de Dios, eleva nuestros
espíritus;
Ayuda a restaurar nuestros
cuerpos, aligera las cargas,
alienta a un amigo;
Deleita a los niños, y los
ancianos sonríen ante la efusión
que brilla por dentro;
¡Sin duda, en la otra vida el cielo
debe estar lleno de risa!

AUTOR DESCONOCIDO

Todo preparado

Tus ojos vieron mi cuerpo en
gestación: todo estaba ya escrito
en tu libro; todos mis días se
estaban diseñando, aunque no
existía uno solo de ellos.

SALMOS 139.16 NVI

Acogedor

Señor, me recibiste en tu
familia con amor y aceptación.
Ayúdame a ser tan amable con
otros como tú has sido conmigo,
acogiéndolos alegremente a
todos. Amén.

Dios es grande

Pertenezco a la «Gran fiesta
de Dios» y no tendré nada que
ver con la «Pequeña reunión
de Dios». Cristo no quiere que
pellizquemos lo posible sino que
nos apoderemos de lo imposible.

C. T. Studd

Alabanza interminable

Que tu vida se convierta en
alabanza alegre e interminable
para el Señor mientras viajas
por este mundo, ¡y en el mundo
venidero!

TERESA DE ÁVILA

Ven, Fuente

Ven, Fuente de toda bendición,
  afina mi corazón para
  cantar tu gracia;
Interminables raudales de
misericordia pronostican cánticos
de la más fuerte alabanza.
Enséñame algunos sonetos
  melodiosos, entonados por
lenguas de fuego allá arriba;
Ensalzo el monte, estoy fijo en él,
  el monte de tu amor redentor.

ROBERT ROBINSON

La capacidad de Dios es grandiosa

Si tienes hoy una necesidad especial, enfoca tu atención en la bondad y la grandeza de tu Padre y no en la magnitud de tu necesidad. Tu necesidad es muy pequeña comparada con la capacidad de Dios para suplirla.

Más

Más fe en mi Salvador,
    más sentido de su cuidado;
Más gozo en su servicio,
    más propósito en la oración…
Más aptitud para el reino,
    más útil yo sería;
Más bendecido y santo,
    más, Salvador, como tú.

PHILIP P. BLISS

Fe y amor

La fe, como la luz, siempre debe
ser sencilla e inflexible; mientras
que el amor, como el calor, debe
irradiar en todo lado e inclinarse
hacia toda necesidad de nuestros
hermanos.

Martín Lutero

Proseguir

Olvidando ciertamente lo que
queda atrás, y extendiéndome
a lo que está delante, prosigo a
la meta, al premio del supremo
llamamiento de Dios en Cristo
Jesús.

FILIPENSES 3.13–14

El Señor guía

Padre, gracias por tu promesa
de guiarme en lo grande y en lo
pequeño. Tu mirada está siempre
en mí, alejándome del error
y asegurándome que siempre
puedo encontrar un camino de
regreso a ti. Amén.

La gloria de la amistad

La gloria de la amistad es la inspiración espiritual que llega a una persona al descubrir que alguien más cree en ella y que está dispuesta a confiarle su amistad.

RALPH WALDO EMERSON

¡Descansa, no abandones!

Cuando las cosas vayan mal,
  como a veces pasa,
Cuando el camino que transitas
  parezca cuesta arriba,
Cuando los fondos estén bajos
  y las deudas altas,
Y quieras sonreír pero en vez de
eso suspires,
Cuando la preocupación
  un poco te presione,
Descansa, si debes hacerlo…
  ¡pero no abandones!

AUTOR DESCONOCIDO

Aprieta el paso

Caminemos en medio de las tinieblas y agarremos la mano de Dios. La senda de fe y oscuridad es mucho más segura que la que se elige por vista.

GEORGE MACDONALD

Con solo pedirlo

¿Enfrentas un tiempo difícil?
Míralo como una oportunidad
de aprender cuán fiel es el Señor.
Luego agradécele porque aunque
no te agraden las circunstancias
que enfrentas, sí te agrada que
él esté a tu lado en cada paso
del camino. Dios estará allí para
ti… con solo pedirlo.

PAMELA MCQUADE

No temas

No temas, porque yo estoy
contigo; no desmayes, porque
yo soy tu Dios que te esfuerzo;
siempre te ayudaré, siempre te
sustentaré con la diestra de mi
justicia.

ISAÍAS 41.10

Hoy

Hoy día Jesús está obrando
tantas maravillas como cuando
creó el cielo y la tierra. Su gracia
extraordinaria, su omnipotencia
maravillosa, son para el hijo que
lo necesita y que confía en él,
incluso hoy.

CHARLES E. HURLBURT Y T. C. HORTON

Mira a los ojos

Si me pidieran que diera el
consejo que considero más útil
para todas las personas, este
sería: Espera problemas como
parte inevitable de la vida, y
cuando vengan mantén la cabeza
en alto, míralas directamente
a los ojos y di: «Seré superior a
ustedes. No me pueden derrotar».

ANN LANDERS

Agárralo

Agarra este buen regalo que Dios tiene para ti. Acepta la mala noticia de que eres pecador, y ofrécele a menudo ese error. Él contestará con las buenas nuevas de que Jesús murió por todo pecado, y que tu arrepentimiento ya te ha concedido lo mejor que el reino puede ofrecer: perdón para todo pecado.

PAMELA McQUADE

Satisfacción por medio de la alabanza

Pensar en ti Señor nos estimula tan profundamente que no podemos estar contentos a menos que te alabemos, porque nos has hecho para ti, y nuestros corazones no encuentran paz a menos que reposen en ti.

SAN AGUSTÍN

Garantía bendita

Garantía bendita, ¡Jesús es mío!
¡Ah, qué anticipo
  de gloria divina!
Heredero de salvación,
  adquisición de Dios,
Nacido de su Espíritu,
  lavado en su sangre.

FANNY J. CROSBY

El gran amor divino

Dios, que es rico en misericordia,
por su gran amor por nosotros,
nos dio vida con Cristo, aun
cuando estábamos muertos en
pecados. ¡Por gracia ustedes han
sido salvados!

EFESIOS 2.4–5 NVI

Jesús es luz

Oí la voz de Jesús diciendo:
  «Soy la luz de este mundo oscuro;
Mírame, tu mañana surgirá
  y todo el día será brillante».
Miré a Jesús, y encontré en él
  mi estrella, mi sol;
¡Y en esa luz de vida caminaré
  hasta que los días de viaje
hayan terminado!

HORATIUS BONAR

Nada se compara

Nada se puede comparar con la
belleza y el esplendor del alma
en que mora nuestro Rey en total
majestad. Ningún fuego terrenal
se puede comparar con la luz
de su amor ardiente. Ningún
baluarte se puede comparar con
su capacidad de perdurar por
siempre.

TERESA DE ÁVILA

Cuenta tus bendiciones

Cuenta tus bendiciones;
  enuméralas una por una.
Cuenta tus bendiciones;
  ¡mira lo que Dios ha hecho!
Cuenta tus bendiciones;
  enuméralas una por una.
Cuenta tus bendiciones;
  ¡mira lo que Dios ha hecho!

JOHNSON OATMAN, HIJO

Los amigos ayudan

Mis amigos han hecho la historia
de mi vida. En mil formas han
convertido mis limitaciones
en hermosos privilegios y me
han hecho caminar serena y
felizmente en la sombra emitida
por mi privación.

HELEN KELLER

A través de cada tormenta

Atravesaremos con seguridad
toda tormenta mientras nuestro
corazón esté bien, nuestra
intención ferviente, nuestro
valor inquebrantable y nuestra
confianza puesta en Dios.

FRANCISCO DE SALES

Dios libera

Señor, no sé cómo librarme de
la tentación, pero tú sabes la
manera. Has estado allí. Cuando
tropiezo, sé que tus brazos me
agarrarán; si caigo, me pones de
pie y me guías hacia adelante.
Amén.

Bendición tras bendición

Dios, quien es amor (y quien si
se me permite decirlo, está hecho
de amor) simplemente no puede
dejar de derramar bendición
tras bendición sobre nosotros.
¡No debemos mendigar, porque
él simplemente no puede evitar
bendecirnos!

HANNAH WHITALL SMITH

Amar al Señor

Mi amor por ti, oh Señor, no es alguna vaga sensación: es positivo y seguro. Tu Palabra sacudió mi corazón y desde ese momento te amo. Además de esto, todo en mí, el cielo y la tierra y todo lo que contienen, proclama que te debo amar.

San Agustín

No es todo

Esta vida no lo es todo. Es
una «sinfonía inconclusa»
con quienes saben que están
relacionados con Dios y han
sentido «el poder de una vida
eterna».

HENRY WARD BEECHER

Anímate

Yo les he dicho estas cosas para
que en mí hallen paz. En este
mundo afrontarán aflicciones,
pero ¡anímense! Yo he vencido al
mundo.

JUAN 16.33 NVI

En tiempos difíciles

Por lo general es durante
nuestros tiempos difíciles,
aquellos momentos inesperados
y no planificados, que
experimentamos a Dios
en maneras más íntimas.
Descubrimos un anhelo
insaciable de conocerlo más.

AUTOR DESCONOCIDO

El temor contra la fe

El temor aprisiona, la fe libera;
el temor paraliza, la fe fortalece;
el temor desanima, la fe alienta;
el temor enferma, la fe cura; el
temor hace inútiles, la fe hace
gente servicial; y por sobre todo,
el temor pone desesperación en
el centro de la vida, mientras la
fe se regocija en su Dios.

HARRY EMERSON FOSDICK

Un Dios infinito

Un Dios infinito puede dar todo
de sí a cada uno de sus hijos.
No se distribuye para que cada
uno tenga una parte de él, sino
que a cada cual da todo de sí de
manera tan completa como si no
hubiera otras personas.

A. W. TOZER

Fe que obra

Esta es una fe sana, vigorosa y práctica que obra: Que es asunto del hombre hacer la voluntad de Dios; segundo, que Dios mismo cuida de ese individuo; y tercero, que por tanto esa persona no debe temerle a nada.

GEORGE MACDONALD

Todo lo que vemos

Dios no ha hecho un universo
pequeño. Formó las amplias
extensiones del espacio y puso
allí los ejércitos llameantes
que vemos en la noche:
planetas, estrellas y galaxias.
Adonde quiera que vayamos
recordémonos que el Señor ha
hecho todo lo que vemos. ... Y
no solamente que lo hizo todo
sino que él está presente.

FRANCIS A. SCHAEFFER

El Dios de amor y paz

Que el Dios de amor y paz
ponga a reposar tu corazón y
te apresure en tu viaje. Que
mientras tanto te proteja en el
lugar de plenitud total donde
reposarás para siempre en la
visión de paz, en la seguridad
de la confianza, y en el alegre
disfrute de las riquezas divinas.

RAYMOND DE PENYAFORT

Una clase diferente de evidencia

Fe no significa creer sin
evidencia. Significa creer en
realidades que van más allá del
sentido y la vista… para lo cual
se necesita una clase totalmente
distinta de evidencia.

JOHN BAILLIE

Fuego interior

En algún momento en la vida de todos se extingue nuestro fuego interior. Es entonces cuando estalla en llamas debido al encuentro con otro ser humano. Todos debemos estar agradecidos por esas personas que reavivan el espíritu interior.

ALBERT SCHWEITZER

El nombre de Dios
sea anunciado

A la verdad yo te he puesto para
mostrar en ti mi poder, y para
que mi nombre sea anunciado en
toda la tierra.

ÉXODO 9.16

Renuévame

Mientras aprendo a descansar
en ti, Señor, renuévame. Dame
la habilidad que necesito para
ser paciente, sin importar qué
problema haya a mi alrededor.
Permite que mi alegre esperanza
y mis fieles oraciones edifiquen
mi paciencia. Amén.

Dios te busca

Si estás buscando a Dios, puedes
estar seguro de esto: Él te está
buscando aun más. El Señor es
el Amante, y tú su amado. Él se
te ha prometido.

JUAN DE LA CRUZ

Promesas cumplidas

Podemos depender de las
promesas de Dios, porque él
será tan bueno como su palabra.
También es tan piadoso que no
puede engañarnos, tan veraz que
no puede romper su promesa.

MATTHEW HENRY

Tan poca cosa

¿Es tan poca cosa haber
disfrutado el sol, haber
experimentado la luz en
primavera, haber amado, haber
pensado, haber realizado
cosas; haber hecho verdaderas
amistades?

M. ARNOLD

Esperanza ilimitada

Cuando sacamos tiempo para
observar las cosas simples de
la vida no nos falta estímulo.
Descubrimos que estamos
rodeados de esperanza sin
límites que simplemente está
usando ropa informal.

ANÓNIMO

Divino poder

Todas las cosas que pertenecen
a la vida y a la piedad nos han
sido dadas por su divino poder,
mediante el conocimiento de
aquel que nos llamó por su gloria
y excelencia.

2 Pedro 1.3

Amor es la clave

Amor es la clave. Alegría es amor que canta. Paz es amor en reposo. Paciencia es amor que soporta. Amabilidad es el toque del amor. Bondad es el carácter del amor. Fidelidad es el hábito del amor. Humildad es que el amor se olvide de sí mismo. Dominio propio es amor tomando las riendas.

DONALD GREY BARNHOUSE

Gracia

Sabemos sin duda alguna que
nuestro Dios nos da cada gracia,
cada gracia abundante; y a
pesar de que nosotros mismos
somos tan débiles, esta gracia
puede llevarnos a través de todo
obstáculo y toda dificultad.

ELIZABETH ANN SETON

DÍA 328

SUSURROS
de Aliento

Un espíritu agradecido

Lo primero por qué agradecer es
por un espíritu agradecido. ...
¡Dichosos quienes poseen este
don! Las bendiciones pueden
fallar y las fortunas variar,
pero el corazón agradecido
permanece.

AUTOR DESCONOCIDO

Como flores

Como las flores llevan gotas de
rocío que tiemblan en los bordes
de los pétalos, listas a caer con
la primera ráfaga de viento o el
roce de un ave, así el corazón
debería llevar sus palabras llenas
de agradecimiento. Al primer
hálito de sabor celestial, suelta
la llovizna perfumada con la
gratitud del corazón.

HENRY WARD BEECHER

Acción de gracias

Entren por sus puertas con
acción de gracias; vengan a sus
atrios con himnos de alabanza;
denle gracias, alaben su nombre.
Porque el SEÑOR es bueno y su
gran amor es eterno; su fidelidad
permanece para siempre.

SALMOS 100.4–5 NVI

Un pensamiento amoroso

Si en vez de una gema, o incluso
una flor, pusiéramos el regalo de
un pensamiento amoroso en el
corazón de un amigo, esto sería
dar como los ángeles lo hacen.

GEORGE MACDONALD

El Señor contesta

¿Deseas la ayuda de Dios? Tu deseo está donde corresponde. Solo pide, luego confía en que él contestará. Quizás mañana no se solucione todo problema, pero puedes saber que la ayuda está en camino. Has puesto tu fe en el Dios eterno que no falla. Habla con él esta mañana, y observa cómo aparece la ayuda.

PAMELA MCQUADE

Ten esperanza

¿No sabes que el día sigue a la noche, que el torrente viene después del reflujo, que la primavera y el verano suceden al invierno? ¡Ten esperanza entonces! Dios nunca te falla.

CHARLES H. SPURGEON

Que el sol brille siempre

Que el sol brille siempre en el cristal de tu ventana, que tengas la seguridad de que un arco iris sigue siempre a cada lluvia. Que una mano amiga esté siempre cerca de ti, que Dios te inunde el corazón con gozo para alegrarte.

BENDICIÓN IRLANDESA

Inconmensurable amor

Dios nos ama de manera tan preciosa que no podemos comprenderla. Ningún ser creado puede siquiera saber cuánto y con qué dulzura y ternura Dios le ama. Es solo con la ayuda de su gracia que podemos perseverar espiritualmente ante el enaltecido, incomparable e inconmensurable amor que el Señor en su bondad nos tiene.

JULIAN DE NORWICH

No es por mi cuenta

Señor, dirígeme cada día a
aceptar y aplicar la fortaleza que
has ofrecido, a fin de que tenga
de veras el espíritu apacible que
deseas para mí. Gracias Jesús
porque no tengo que hacerlo por
mi cuenta. Amén.

¿Cómo puedo dejar de cantar?

Mi vida fluye en una canción
  interminable;
Por sobre la lamentación del mundo
Aunque lejano oigo
  el dulce himno
Que aclama una nueva creación. …
Puesto que Dios es Señor
en cielo y tierra,
¿Cómo puedo dejar de cantar?

AUTOR DESCONOCIDO

Promesa de un día mejor

Desde mucho más allá de
nuestro mundo conflictivo,
preocupante y cambiante,
nuestro Señor ilumina con luz
que no ha perdido su brillo, un
Principio radiante y que guía
a todos los que le siguen: una
Estrella de la mañana y promesa
de un día mejor.

CHARLES E. HURLBURT Y T. C. HORTON

Sorpresas

De muchas maneras sencillas y acogedoras, en todas nuestras existencias Dios infunde este elemento de gozo por las sorpresas de la vida, las cuales iluminan inesperadamente nuestros días y llenan de luz nuestros ojos.

HENRY WADSWORTH LONGFELLOW

Cosas maravillosas

Dios tiene en mente cosas
maravillosas para ti. Si le pides,
él te mostrará los dones que
te ha dado y cómo desea que
bendigas a otros con ellos. No
esperes hasta la eternidad para
experimentar las alegrías y los
deleites de la fe; ¡comunica hoy
algunas de esas buenas nuevas!

PAMELA MCQUADE

Hijo del Altísimo

Ahora, concebirás en tu vientre,
y darás a luz un hijo, y llamarás
su nombre JESÚS. Este será
grande, y será llamado Hijo del
Altísimo; y el Señor Dios le dará
el trono de David su padre. ... y
su reino no tendrá fin.

LUCAS 1.31–33

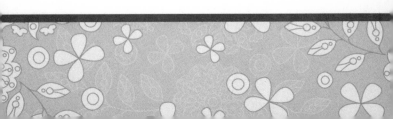

No te olvides de ser

No te atarees tanto que te olvides simplemente de *ser*. A veces la mejor manera de no estar abrumado por la vida es dar un paso atrás, sacar un día, una hora, o un instante, y observar todo lo que Dios está haciendo en tu existencia.

ELLYN SANNA

Jesús

El Verbo que se hizo carne
tiene nombre. Y al acercarse
este día de días, esta temporada
de temporadas, deja que brille
en tus labios el esplendor de
ese Hombre sobre todos los
hombres: Jesús.

JAMES SMETHAM

De la fe a la fe

Confía en la fortaleza de tu Redentor, ejercita la fe que tienes, y al poco tiempo él se levantará sobre ti con sanidad bajo sus alas. Ve de fe en fe y recibirás bendición tras bendición.

CHARLES H. SPURGEON

Sin temor

Marchamos sin temor, llenos
de esperanza, valor y fortaleza
para hacer la voluntad del
Señor, esperando la bondad
interminable que él está
dándonos de manera tan rápida
como pueda hacernos que
seamos capaces de tomarla.

GEORGE MACDONALD

El toque divino

El principal anhelo del Señor es revelársete, y para hacerlo te concede abundante gracia. Él te da la experiencia de disfrutar su presencia. Te acaricia, y su toque es tan encantador que, más que nunca antes, te atrae interiormente hacia él.

MADAME JEANNE GUYON

Dios proveerá

Cada uno de nosotros puede
estar seguro de que si Dios nos
envía sobre sendas de piedra,
nos proveerá calzado fuerte, y
de que no nos enviará a ningún
viaje para el cual no nos haya
equipado bien.

ALEXANDER MACLAREN

Ha nacido un Salvador

No tengan miedo. Miren que
les traigo buenas noticias que
serán motivo de mucha alegría
para todo el pueblo. Hoy les ha
nacido en la ciudad de David un
Salvador, que es Cristo el Señor.

LUCAS 2.10–11 NVI

El Señor vino a nosotros

Dios vino a nosotros porque
deseaba unírsenos en el camino,
escuchar nuestra historia, y
ayudarnos a comprender que no
estamos andando en círculos
sino moviéndonos hacia el hogar
de paz y gozo.

THOMAS MERTON

En manos de Dios

Padre celestial, deseo tu paz en
mi corazón. Toma por favor en
tus manos tiernas y amorosas
toda ansiedad y toda firme
atadura de incertidumbre,
tristeza, conflicto y desilusión.
Amén.

Un jardín

Saber que aquí o allí hay
alguien con quien sientas que
existe entendimiento a pesar
de las distancias o las ideas no
expresadas... eso puede hacer de
este planeta un jardín.

JOHANN WOLFGANG VON GOETHE

Eternidad

La eternidad es la casa del tesoro
divino, y la esperanza es la
ventana a través de la cual a los
mortales se les permite ver, como
a través de un cristal oscuro, las
cosas que Dios está preparando.

WILLIAM MOUNTFORD

SUSURROS
de Aliento

Felicidad

La felicidad es un rayo de sol...
cuando toca un corazón afín,
como las convergentes luces
sobre un espejo, se refleja con
fulgor redoblado. La felicidad
no es perfecta hasta que se
comparte.

JANE PORTER

Que se lleve a cabo en mí

Estamos celebrando la fiesta del nacimiento eterno que Dios el Padre ha dado y que se realiza por toda la eternidad. Pero si no se lleva a cabo en mí, ¿qué provecho tiene? Todo reposa en esto: que el nacimiento tenga lugar en mí.

MEISTER ECKHART

Humíllate

Si mi pueblo, que lleva mi
nombre, se humilla y ora, y
me busca y abandona su mala
conducta, yo lo escucharé desde
el cielo, perdonaré su pecado y
restauraré su tierra.

2 Crónicas 7.14 nvi

Misterio de Dios, promesa tuya

Confía en Dios cuando no lo
puedas encontrar. No intentes
atravesar las nubes que él trae
sobre ti; más bien mira el arco
iris que hay por encima de
ellas. El misterio es de Dios; la
promesa es tuya.

JOHN R. MACDUFF

Nacido para liberar

Naciste para tu pueblo liberar
Naciste niño y sin embargo rey,
Naciste para siempre en nosotros reinar,
Y ahora a tu reino gracia llevar.
Para que tu propio Espíritu eterno
En nuestros corazones pueda reinar;
Por tu abundante mérito, Señor
Álzanos hasta tu trono de infinito
esplendor.

CHARLES WESLEY

Cuando Cristo nació

Una emoción de esperanza
   al abatido mundo alegra
Porque allá a lo lejos un nuevo
   y glorioso futuro se abre.
Cae de rodillas,
   y escucha las voces del ángel.
Oh noche divina,
¡en que Cristo nació!

JOHN S. DWIGHT

Príncipe de plenitud

Nos ha nacido un niño, se nos ha
concedido un hijo; la soberanía
reposará sobre sus hombros,
y se le darán estos nombres:
Consejero admirable, Dios
fuerte, Padre eterno, Príncipe de
paz. Se extenderán su soberanía
y su paz, y no tendrán fin.

ISAÍAS 9.6–7 NVI

Un cielo para todos nosotros

Muchas navidades alegres y numerosos años nuevos llenos de prosperidad. Amistades firmes, grandes acumulaciones de gratos recuerdos y afectos en este mundo, y un cielo para todos nosotros.

CHARLES DICKENS

Espíritu de amor

Al considerar tu vida pasada
descubrirás que los momentos
en que realmente viviste fueron
aquellos en que hiciste cosas en
el espíritu del amor.

HENRY DRUMMOND

Creador de luz

Oh Dios, creador de luz, al
levantarse tu sol esta mañana,
permite que la mayor de todas
las luces, la de tu amor, se
levante como el sol en nuestros
corazones.

IGLESIA APOSTÓLICA ARMENIA

Lo que Dios hará

No puedes medir lo que Dios
hará a través de ti... mantén
en orden la relación con el
Señor, entonces cualesquiera
sean las circunstancias en que
te halles, y con quienquiera
que te encuentres día a día, él
derramará ríos de agua viva a
través de ti.

OSWALD CHAMBERS

En el corazón de Dios

Un lugar de calma…
 un templo de paz;
Un hogar de fe…
 donde las dudas cesan;
Una morada de consuelo…
 donde se ofrece esperanza;
Una fuente de fortaleza…
 para hacer de la tierra un cielo;
Un santuario de adoración,
 un lugar dónde orar;
Todo esto hoy día…
 en el corazón de Dios pude encontrar.

AUTOR DESCONOCIDO

Bendiciones que no terminan

Padre celestial, tengo mucho
por qué agradecer. Mi lista de
bendiciones es interminable.
Que nunca deje de alabarte
y agradecerte por las muchas
bendiciones que me has dado.
Amén.

Antiguo Testamento

NUEVO TESTAMENTO